Mi Odisea
Desde Venezuela hasta Puerto Rico

Vicente Cabán

Reservados todos los derechos. No se permite la reproducción total o parcial de esta obra, ni su incorporación a un sistema informático, ni su transmisión en cualquier forma o por cualquier medio (electrónico, mecánico, fotocopia, grabación u otros) sin autorización previa y por escrito de los titulares del copyright. La infracción de dichos derechos puede constituir un delito contra la propiedad intelectual.

El contenido de esta obra es responsabilidad del autor y no refleja necesariamente las opiniones de la casa editora. Todos los textos e imágenes fueron proporcionados por el autor, quien es el único responsable por los derechos de los mismos.

Publicado por Ibukku, LLC
www.ibukku.com
Diseño y maquetación: Índigo Estudio Gráfico
Copyright © 2022 Vicente Cabán
ISBN Paperback: 978-1-68574-219-5
ISBN Hardcover: 978-1-68574-220-1
ISBN eBook: 978-1-68574-221-8
LCCN: 2022917558

Índice

Dedicatoria	5
Agradecimientos	7
Preámbulo	9
Capítulo 1 De Cabimas a Lagunillas	17
Capítulo 2 Adolescencia	23
Capítulo 3 PDVSA	29
Capítulo 4 Familia	37
Capítulo 5 Tiempos difíciles	43
Capítulo 6 Entre Venezuela y Colombia	51
Capítulo 7 Un corazón débil	61
Capítulo 8 En un país vecino	71
Capítulo 9 Un nuevo comienzo	79
Capítulo 10 Por la ruta larga	93
Capítulo 11 Aeropuertos	99
Capítulo 12 Preámbulo al terror	107
Capítulo 13 Miedo	117
Capítulo 14 La luz al final del túnel	123
Mapas	131
Banderas	133

Dedicatoria

Dedicado a los valientes, nobles y admirables ciudadanos del mundo, quienes abandonan pertenencias, lloran por la patria rezagada, se alejan de sus amigos del alma, arriesgan sus vidas, desafían la muerte, cruzan fronteras, ignoran peligros, rechazan prejuicios y vencen obstáculos por llegar a alcanzar una vida venerable para ellos y sus familias. También dedico este trabajo a defensores de los derechos humanos, quienes con su labor, esfuerzo, esmero y dedicación han logrado dar a valer la dignidad y el derecho que tiene toda persona a buscar y conseguir una vida justa, igual a la que debería tener todo ser humano que habita este plano terrenal.

Agradecimientos

Agradezco a Mairy Del Valle Rodríguez Ramos por gran parte del material suministrado para la culminación de esta obra. Su extraordinaria aportación contribuyó grandemente a que este trabajo se pudiera realizar. De igual forma, agradezco a Ivelisse González-Merced por su invaluable ayuda en la revisión, corrección y acertados consejos durante la preparación de este libro. Su colaboración, empeño, dedicación y esfuerzo contribuyeron enormemente a la realización de esta obra.

Preámbulo

En la costa este del lago Maracaibo, estado de Zulia de Venezuela, se encuentra la ciudad de Cabimas, una de las áreas más importantes de toda la región. Esta pequeña urbe localizada al lado de la cuenca del lago Maracaibo, junto a las cuencas petrolíferas del golfo de Venezuela, la del estado de Falcón, la de Barinas-Apure, la de Cariaco, la Oriental y la faja petrolífera del Orinoco forman las áreas más importantes de todo el territorio venezolano para el dominio del petróleo en todo el hemisferio. Con unos trecientos nueve mil millones de barriles de petróleo, este país suramericano tiene las reservas más grandes de crudo de todo el planeta.

Esta reserva que posee Venezuela representa el 17.5 % de todo el petróleo del mundo. Esto no quiere decir que el país es el líder mundial en la producción de petróleo. Ese puesto le pertenece a los Estados Unidos de América; aunque el país tiene solamente una reserva de 68.8 millones de barriles de petróleo (4 % de la reserva mundial) y está en noveno lugar entre los países con más grandes reservas del crudo, Estados Unidos ha sido capaz de producir más petróleo que los otros ocho países con más reservas. Sin embargo, la reserva de petróleo de Venezuela sigue siendo una de las más importantes del planeta.

En Venezuela, el conocido e importante municipio de Cabimas, con una superficie de ciento cincuenta y siete kilómetros cuadrados, contaba con una población de trecientos un mil cien habitantes para el año 2017 y es la segunda ciudad más grande del estado de Zulia. Por sus cercanías al lago Maracaibo, Cabimas cuenta con un sinnúmero de pozos petroleros dispersados por toda la ciudad y parte del lago. Esto hace que el crudo sea de gran importancia para la economía de la localidad.

La ciudad es relativamente nueva, siendo fundada en el siglo XVlll. Fueron frailes capuchinos procedentes de Valencia, España, quienes dieron el nombre de una palabra de origen caribe a la tribu que habitaba el área. Aunque los indígenas de la zona eran arawacos y se llamaban a sí mismos caquetíos, frailes de la época solían darle nombres de árboles locales a las tribus indígenas. Es por esta razón que el nombre de la tribu de los caquetíos fue ignorado y frailes valencianos dieron el nombre del árbol copaiba o cabimas a los habitantes de la localidad. Así pasan los arawacos de la zona a ser asociados con una palabra desconocida para ellos. Aunque, claro está, otras cosas como la topografía, la geografía, las costumbres y el clima no cambian en nada con el nuevo nombre que se da a los aborígenes de la región.

El clima es caluroso en la zona, con temperaturas promedios sobre los 86 grados Fahrenheit y relativamente húmedo durante todo el año. Por otra parte, las grandes cantidades de dióxido de carbono que produce la combustión de gas natural de los pozos petroleros y que resulta en un efecto invernadero no aportan en nada a la comodidad de un clima agradable. Como si esto fuera poco, durante los meses de lluvia, entre agosto y diciembre es notable la cantidad de grandes chubascos que caen en la zona.

Un curioso fenómeno meteorológico en el área cerca a Cabimas, y que es conocido a nivel mundial, es el llamado **relámpago del Catatumbo.** Este fenómeno ocurre sobre la desembocadura del río Catatumbo el cual conecta con el lago Maracaibo. Justamente en este lugar se origina una descarga y relámpagos de nubes, que están a una altura de más de un kilómetro, a tierra, y de tierra a nubes. La serie de relámpagos tienden a ocurrir en múltiples sitios cada noche, alrededor de ciento cuarenta a ciento sesenta noches por año, durante un promedio de diez horas cada noche. Durante ese tiempo se pueden ver más de doscientos ochenta relámpagos por hora. Este fenómeno puede ser observado a gran distancia y es por eso por lo que muchos navegantes se dejan llevar por estos relámpagos, como si fuera un faro natural, para poder navegar sin peligro. Es casi imposible observar la oscuridad de la noche en el área donde ocurre este fenómeno, de manera que, tanto en noches oscuras como en noches de luna llena, los navegantes siempre van a estar orientados por el *Faro del Catatumbo*.

No se sabe a ciencia cierta qué causa estos relámpagos sobre el lago Maracaibo. Algunos piensan que los mismos son el resultado del calor del día sobre el lago y su efecto orográfico del aire que circula entre las cordilleras de Perijá y la de los Andes venezolanos. Otros expertos dicen que los relámpagos son causados por el contacto de los vientos de la región que, estando impregnados de gas metano, el cual emana del lago, provoca el detonante que hace que estos relámpagos se disparen en grandes cantidades y por mucho tiempo. Lo cierto es que este evento es reconocido por la organización Guinness como un fenómeno meteorológico único en el mundo. Y no es para menos: con su un millón ciento setenta y seis mil relámpagos al año, el récord va a ser difícil de superar.

Hasta ahora no hay consenso para explicar que causa el fenómeno del *relámpago de Catatumbo*. Científicos, sin embargo, piensan que, debido a que las descargas y relámpagos ocurren en diferentes sitios cada noche, lo más apropiado sería llamarlos los *relámpagos del Catatumbo*. De todas formas, cientos de relámpagos vistos desde la distancia aparecen como uno solo. Es por eso por lo que se habla de estos fenómenos como si fuera un único fenómeno. *Las linternas de San Antonio* o *faroles de Maracaibo*, como también se conoce este fenómeno, es un espectáculo digno de verse, y a nivel mundial es uno de los fenómenos naturales mejor conocido.

Por otra parte, la cantidad de crudo que hay alrededor de la pequeña ciudad de Cabimas en cualquier otra parte del mundo, tal vez, podría considerarse como un fenómeno natural. No obstante, este "oro negro" forma parte de un cuadro más grande y es parte del gran depósito conocido como la cuenca petrolífera del lago Maracaibo. Este campo petrolero que yace en la cuenca del lago también podría catalogarse como una anomalía mundial. Sin embargo, la extracción de petróleo en la región por más de noventa años es ya visto como un evento natural para los venezolanos y el resto del mundo. Por esta razón, el área alrededor del lago y todo el país, hasta hace poco más de una década, fue bendecido por el tesoro del lago Maracaibo. Desafortunadamente, un gobierno incompetente y corrupto drenó esas riquezas y condenó al área y sus habitantes, al igual que al resto del país, a la pobreza y a la miseria.

Lamentablemente, fueron muchos los residentes del sitio que, al ver un futuro incierto bajo las riendas de un gobierno dictatorial y abusivo, fueron obligados a abandonar sus estilos de vida para integrarse a un éxodo de inmigrantes repatriados por todo el globo. Fue así como Venezuela dio un giro de noventa grados y pasó a ser del país más rico y próspero de América Latina a uno de los países más pobres de la región. En el extranjero, los venezolanos abrigan la esperanza de que algún día las cosas mejorarán y podrán volver a casa. Mientras tanto, el tiempo pasa, el país empobrece aceleradamente y las esperanzas de regresar a su tierra cada día están más lejos para los que tomaron la dura decisión de dejar su patria.

Penosamente, aquellos que quedaron en el país sufren las injusticias de un gobierno opresor. La inflación está por las nubes, los alimentos escasean, los empleos desaparecen o la paga es un sueldo de hambre y (aunque parece inaudito) escasea el combustible en el país que más petróleo tiene en el mundo. Esto hace, a la vez, que cada día más venezolanos vean el exilio como la única alternativa viable para poder salir adelante. La decisión no es fácil para los que contemplan dejar todo atrás y aventurarse en un mundo incierto. Pero muchos piensan que cualquier cosa es mejor que el precario estado y seguro aleatorio de su país.

Cuando el pueblo venezolano sufre de gripa, usualmente, muchas de sus ciudades ya tienen pulmonía. Mientras la riqueza de Venezuela estaba sólida, su gente no se preocupaba por los vaivenes de una economía boyante y cambiante a la misma vez, mientras todos gozaban de los frutos que se podían cosechar en un país millonario y poderoso. La solidez de la nación era palpable en las diferentes ciudades y pueblos, especialmente aquellos que eran productores de petróleo... Este era el caso de Cabimas. Sin embargo, cuando llegó la debacle, pueblos y ciudades prósperos comenzaron a sufrir de forma exponente las mismas agonías que sufría el gobierno central. La multitud, que ya comenzaba a ser pisoteada por el gobierno dictatorial, se lanzó a la calle a protestar. Miles de manifestantes se unieron en contra de las injusticias de sus gobernantes, pero se les hizo imposible luchar contra la maquinaria de un gobierno corrupto y poderoso.

La gente de pueblos que no tenían una economía diversificada fueron los más afectados. En el caso de Cabimas, su principal fuente de ingreso era sus pozos petroleros. Sin embargo, la economía de la ciudad se podía alimentar a través de otros ingresos. Afortunadamente, en la ciudad había varios comercios y grandes almacenes que, aunque estaban siendo manejados por extranjeros colombianos, del Oriente Medio y europeos, mantuvieron la economía a flote. Una que otra fábrica de diferentes productos junto a una variedad de establecimientos de artículos de repuestos para autos ayudaron a mantener el motor de la economía encendido. También eran parte de esta frágil economía de la ciudad las frutas cosechadas en áreas rurales, la ganadería y la pesca. Esta última, sin embargo, no tuvo mayor progreso por la contaminación en el lago Maracaibo y la inseguridad del pueblo cabimense. Tampoco se puede pasar por alto nombrar a uno de los lugares que tanta vida dio a la ciudad... El pasaje Sorocaima ayudó grandemente a esta economía diversificada de Cabimas. Este primer centro comercial de Cabimas se construyó a finales de la década de 1940, bajo la orden del gobernador del distrito de Bolívar, Wilmer González, con el propósito de reubicar a los buhoneros (vendedores informales o ambulantes) de la época. Todas estas medidas ayudaron a amortiguar la caída de la industria del petróleo en Cabimas. No obstante, sin el oro negro, la ciudad, al igual que el resto del país, sufrían la embestida de una economía en detrimento.

El pueblo, sin embargo, se armó de paciencia y pudo sobrellevar el embate de una frágil economía mientras se hundía cada día más en la pobreza. Quizá la ayuda para el pueblo cabimense había sido instituida años antes a través de la diversificación de un pueblo cosmopolita que creció y se desarrolló en modelos de movimientos petroleros. Fue así que sectores como La Rosa Vieja, Las 40s, Las 50s, Hollywood, Las Palmas, Las Cúpulas y otros crecieron y fueron poblados por venezolanos de distintas regiones del país, como fueron los inmigrantes provenientes del oriente y del estado Falcón. Estos sectores fundados a base de actividades petroleras siguieron diversificándose con un sinnúmero de extranjeros provenientes de Japón, China, Italia, España, Portugal, Grecia, el Líbano y Siria, entre otros. Tal vez, esta diversificación de personas de diferentes áreas de Venezuela y del mundo, nos ayuda a entender cómo la ciudad creció desordenadamente, mientras que gran parte del comercio se quedó en manos de inmigrantes. Fue de esta manera, tal vez, que los cabimenses pudieron lidiar con una economía en detrimento y una inflación en espiral.

Aunque el municipio fue poblado por una diversidad de gente muy variada alrededor de entornos de pozos petroleros, otra parte de la ciudad tomó un giro distinto. El área que compone el municipio de Cabimas en general es llana, aunque en una época muchos de los espacios estaban ocupados por un número de lagunas. Sin embargo, estas lagunas fueron drenadas y rellenadas para hacerlas habitables. Fue aquí donde se construyeron un sinnúmero de urbanizaciones: Los Laureles, Guavina y la "Bajaita del Tuerto Teófilo", entre otras.

Por otra parte, el terreno de la ciudad proviene de los sedimentos de lluvia y es poco rocoso.

Como resultado, las carreteras son dañadas fácilmente en épocas de lluvia y los huecos en la vía son notables durante esta época. A este mal se le puede añadir problemas de poco drenaje que tiene la ciudad, lo cual empeora la situación.

Es fácil entender cómo esta pequeña urbe, con su diversidad de gente, terreno y grandes riquezas ha logrado, majestuosamente, sobreponerse a la adversidad y a la mano de hierro de un gobierno cruel, quien ha sido el enemigo número uno de esta noble e ilustre ciudad. En esta pequeña metrópolis nacieron muchos de los habitantes que orgullosamente se hacen llamar cabimenses. Aunque rechazan y denuncian las atrocidades de un gobierno dictatorial y tirano, orgullosamente despliegan su bandera con sus colores celeste, verde y negro.

La bandera es relativamente nueva, diseñada por la arquitecta Maribel Nava Rosellón, y tal vez llegó a tiempo para que los cabimenses tuvieran un símbolo en que refugiarse con la futura llegada de un gobierno tirano. Fue el 12 de marzo de 2001 que se izó la bandera por primera vez.

La simbología de este gallardete patrio, ciertamente, enorgullece a los habitantes de la ciudad y sirve como distintivo para mantener la unidad y preservar la perseverancia con la que el pueblo cabimense ha tenido que enfrentar las adversidades del presente. Entendiendo la bandera y su significado podemos apreciar mejor cómo es que este símbolo cabimense sirve como pegamento para mantener a sus habitantes unidos ante la adversidad.

Si estudiamos la bandera de la ciudad podemos ver que está dividida en tres franjas. La primera de esta se encuentra en la parte superior, ocupa la mitad de la misma y es de color celeste, simbolizando las riquezas del lago Maracaibo. La próxima franja ocupa una cuarta parte del símbolo cabimense y es de color verde, representando la riqueza agropecuaria con la que cuenta el municipio. La última franja es color negro y encarna los yacimientos de petróleo con los que cuenta su suelo. En la franja superior, sobre su color celeste, se puede ver un sol naciente, el cual representa las riquezas y el futuro. Sobre la franja negra, ocupando parte de la franja verde y parte del sol, se puede ver un taladro representando el pozo Barroso II, el cual dio a conocer a Cabimas en el mundo del petróleo.

Los cabimenses son muy celosos de su bandera y sienten gran orgullo patrio por este símbolo tan importante para un pueblo que supo conocer las riquezas, pero que ahora sufre el yugo de crueles tiranos. De cualquier forma, estando en el extranjero o sufriendo las penurias con las que tienen que lidiar los habitantes de esta ciudad, se puede palpar el orgullo que sienten los que fueron nacidos aquí. Este es el caso de Mairy Rodríguez, quien se siente afortunada de ser zuliana, pero siendo regionalista su orgullo cabimense es lo primero.

Capítulo 1
De Cabimas a Lagunillas

En el caluroso mes de agosto, en pleno verano, nació Mairy en la pequeña ciudad "gigante" de Cabimas, metrópolis localizada a orillas del lago Maracaibo en su costa oriental. Fue allí donde también nacieron sus otros siete hermanos. Con estos hermanos, cuatro hembras y tres varones, el ambiente en su familia era casi siempre de fiesta y había poco o ningún tiempo para el aburrimiento. Los patriarcas de esta noble familia fueron Nedíl Rodríguez y María Chiquinquirá Ramos. El matrimonio dirigía la familia como a una gran máquina bien engrasada.

Aunque Mairy nació en Cabimas y esa fue su cuna, de pequeña fue a vivir con sus hermanos a un pequeño pueblo rural en la costa oriental del lago Maracaibo. Es aquí, en el municipio de Lagunillas, que Mairy tuvo una niñez libre de contaminación, donde el ruido del tránsito de vehículos de motor, la emisión de dióxido de carbono y otros problemas que aquejan a las ciudades de mayor desarrollo estaban ausentes.

Contrario a la vida en la gran ciudad, la niña fue a vivir a la finca de su abuelo paterno y allí la vida transcurría como en un cuento de hadas. Su abuelo, Miguel Teodoro Rodríguez, se aseguró de que sus nietos conocieran lo agradable que era vivir en el campo, a pesar de su dureza y complejidad. Fue aquí donde los chicos aprendieron a apreciar y a respetar a los animales que componen parte importante de una finca. Rodeados de vacas, chivos y caballos, los niños desarrollaron un profundo amor por los animales y la vida apacible del campo.

Mairy aprendió a temprana edad que los alimentos no nacían en los supermercados. En la finca vio y aprendió cómo las gallinas ponían huevos, la leche salía de una vaca o de una chiva y los frutos para su alimentación eran donados por la tierra... La niña vio de primera mano cómo las semillas germinaban hasta convertirse en alimentos para la familia.

El trabajo en el campo era duro, pero al final del día tenía sus recompensas. El gasto para una familia grande suele ser un impedimento para una vida desahogada y de tropiezos. Sin embargo, una finca suele ser sustentable y permite que tal familia pueda vivir sin mayores tropiezos o preocupaciones de cómo hacer para alimentar a sus miembros en una familia numerosa. Trabajando en equipo se cosechaba paz, armonía, amor, unión, afecto y cariño que alimentaban el alma. Por otra parte, se cosechaban frutos menores y se criaban animales que servían para alimentar el cuerpo.

En una finca se aprende de todo. Fue por eso por lo que Mairy aprendió a montar a caballo y a lazar vacas, entre otras cosas. Estas actividades, aunque eran parte de un trabajo a la misma vez, servían como diversión para la niña. El aire puro del campo daba pie al disfrute de una vida placentera y relajada donde Mairy pudo aprender mientras se divertía junto a sus familiares. La familia, llena de amor y cariño para sus miembros, lograron hacer que la chiquita desarrollara un cariño especial por el campo y su belleza. En este lugar mágico, Mairy se sentía muy especial y protegida libre de las complicaciones que había en la ciudad.

Desafortunadamente, esta vida que la niña conoció y aprendió a amar un día llegó a su final. A raíz de un accidente donde uno de sus hermanos murió electrocutado, su madre tomó la dura decisión de que la familia tenía que regresarse a vivir a la ciudad de Cabimas. Para su mamá, el golpe de perder a su hijo en aquella finca le traía recuerdos muy tristes y le era imposible seguir viviendo rodeada de tanta tristeza. Por esta razón tan poderosa, doña María pidió a su esposo Nedíl que mudaran a su familia a vivir a Cabimas, donde el recuerdo de su hijo fallecido no estaría tan latente. Es así cómo la niña a la corta edad de dos años regresó a vivir a la ciudad que la vio nacer. Aun así, Mairy no se alejó completamente de la vida placentera del campo. Cuando era posible, la familia volvía a la finca a pasar unos días para alejarse del bullicio de la ciudad y disfrutar de la belleza del campo y su tranquilidad. Durante las vacaciones de los niños, casi siempre, la familia regresaba a descansar, recrearse y aprender sobre la vida sana y agradable que le ofrecía el campo a pesar de sus complejidades.

Esta época de vacaciones, cuando la familia regresaba a la finca, era de mucha pena para doña María, pues, le traía recuerdos tristes de su hijo fallecido. Sin embargo, la noble mujer dejaba a un lado sus sentimientos de tristeza por el bienestar de los niños, pues estos se divertían mucho en la finca de su abuelo mientras gozaban de una vida sana fuera del bullicio de la ciudad. Allí ellos podían jugar a sus anchas y dar riendas sueltas a sus pensamientos, mientas se envolvían con los enredos, laberintos y embrollos de la finca.

También allí Mairy podía unirse a sus primos para hacer miles de travesuras típicas de la edad y del lugar. Subían a los árboles, montaban a caballo, cuidaban sus animalitos preferidos y el tiempo pasaba a prisa durante esta época maravillosa de su infancia. A la niña le gustaba mucho ir a la sala de ordeño de las vacas que había en la finca. Allí ella aprovechaba para tomar leche calentita acabada de ser extraída de la vaca. En aquel lugar Mairy aprendió que era importante mantener esta sala limpia, pues era así cómo se evitaba que la leche se contaminara y no fuera de buena calidad.

En la finca los niños aprovechaban las oportunidades que tenían para disfrutar de productos frescos extraídos de los predios. La abuela materna de Mairy, doña Alicia, era una señora de muy buenos sentimientos, y como todas las abuelas era muy alcahueta con sus nietos. A ella le gustaba engullir a los niños con queso fresco, suero y pan dulce. Los niños, por supuesto, le tenían un gran cariño a su abuela, quien era muy paciente con estos y los quería mucho.

Doña Alicia siempre estuvo muy pendiente de su nieta, y a menudo buscaba cuáles eran sus gustos para complacerla. Esto es una de las cosas que más extrañaba la niña al final de las vacaciones cuando tenía que regresar a casa. Doña Alicia se supo ganar el cariño de Mairy y de todos sus nietos.

Los niños aprovechaban cada segundo de sus vidas para recorrer, explorar y disfrutar la propiedad del abuelo. Era muy divertido explorar y descubrir nuevos escondites, donde a menudo disfrutaban de manjares de frutas que crecían silvestres en los predios de la familia. En diferentes lugares de la finca se podía encontrar cotoperiz, mamones, jobos, datos e icacos, entre otros. A los niños les encantaban estos frutos y celebraban con entusiasmo el deleite que estos productos daban a sus divertidas escapadas por los dominios de la familia.

Otro entretenimiento del cual Mairy y sus hermanos disfrutaban mucho era observar el colorido de pájaros con sus diferentes cantos y rituales. Aves tales como el tapacamino, la codorniz, el cristofué y diferentes tipos de garzas eran vistas en la finca, y sus comportamientos eran de asombro y admiración para la nena y sus parientes. Los niños podían pasar horas muertas observando y deleitándose con el espectáculo que ofrecían estos animales.

En la finca, como todo niño, Mairy junto a sus hermanos y primos hacían travesuras, las cuales les costaba caro al final del día. En una ocasión había una vaca recién parida, y los niños, sin percatarse de lo que hacían, invadieron su territorio. Al verse amenazada, la vaca, como todo animal, reaccionó de forma violenta y optó por atacar a los niños. El enfurecido animal, intentando proteger a su ternero, corrió hacia los jovencitos por gran parte de la finca. Los niños, asustados y casi sin aliento, lograron saltar una cerca de alambre y afortunadamente, aunque con leves raspaduras, lograron salir ilesos. Mairy, sus hermanos y primos aprendieron una gran lección ese memorable día y jamás se acercaron a un animal recién parido que a toda costa defenderá a sus crías.

Estas experiencias aprendidas en la finca de su abuelo marcaron la vida de la niña y sus hermanos para toda la vida. Aunque al mudarse a la ciudad había otras lecciones que aprender, mayormente a través de teorías de libros, la vida en el campo caló muy hondo en la vida de la jovencita y de sus hermanos, logrando que estos crecieran con un amor especial por el campo y sus marañas.

Capítulo 2
Adolescencia

El traslado de la familia hacia la urbe fue una tarea complicada y llena de grandes retos para la familia, siendo la adaptación a un nuevo ambiente el mayor de los desafíos. La ciudad representó una gran lucha para Mairy y sus hermanos, quienes se habían acostumbrado a la vida pacífica y laxa del campo. Ahora había que desaprender costumbres, hábitos y prácticas adquiridas y adoptar nuevas mañas para poder sobrevivir en un ambiente hostil y lleno de constantes retos y amenazas. Cambiar un caballo por un automóvil para proveerse de transportación no fue tarea fácil. El animal era sabio y conocía las costumbres de aquellos que lo trataban, y este, a cambio de una fruta o un poco de hierba, respondía a los caprichos de los que se sentían dueños y señores del equino. En cambio, en Cabimas, para ir a algún lugar, Mairy dependía de algún adulto que la llevara montada en un vehículo, el cual era alimentado por gasolina. Pero más chocante aún fue el no tener leche fresca y calentita tempranito en la mañana para comenzar el día. Había que ir al mercado a comprar la leche que había sido extraída de la vaca mucho tiempo antes y que la habían conservado con aditivos para mantenerla "fresca".

Para colmo, los hermanos Rodríguez se vieron en la obligación de acostumbrarse a los ruidos extraños y ensordecedores de la ciudad. En la finca del abuelo, Mairy y sus hermanos eran despertados por el infalible canto del gallo temprano en la mañana para comenzar un nuevo día. El animal anunciaba a todos en la finca que había llegado un nuevo día y era hora de despertar y comenzar las tareas rutinarias. Al amanecer los niños eran recibidos con la música alegre del clan,

clan de las vacas que con sus melodiosas campanas iban rumbo al ordeñadero. Esta mañanera diana era acompañada por los melodiosos cánticos de las aves que se desbordaban en alegría al percibir un nuevo amanecer lleno de luz y esperanza.

Por otro lado, la llegada a la ciudad para los jovencitos resultó algo extraña por el desorden constante de vehículos de todas clases y tamaños, acompañados por sus potentes cláxones, los cuales eran la orden del día. Lamentablemente, estos pequeños, y a veces enormes, vehículos copaban gran parte del poco espacio que tenían los transeúntes para moverse de un sitio a otro. Ahora cruzar la calle era toda una aventura y había reglas especiales para hacerlo; cruzar en las esquinas guiados por un semáforo que cambiaba de colores, he indicaba al transeúnte cuándo podía cruzar y cuándo no hacerlo y mirar a todos lados antes de aventurarse a pasar era todo un arte.

Sin embargo, los niños eran jóvenes y estaban en la edad apropiada para asimilar y aprender nuevos estilos y reglas de urbanidad de un mundo por el cual, en un principio, se sentían amenazados. Fue así como en muy poco tiempo los hermanos Rodríguez pudieron desenvolverse en las enmarañas de un universo confuso y complicado. En menos de lo que canta un gallo, Mairy se convirtió en una pueblerina hecha y derecha.

Sus años de escuela primaria fueron testigos de un desarrollo etéreo en un ambiente de sana convivencia. Sus amiguitos de colegios, algunos de los cuales también eran sus vecinos, acompañaron a la jovencita y a sus hermanos por el camino que abrió las puertas a la niña a un nuevo mundo lleno de color, camarería, nuevas aventuras y alegrías a granel. La niña pasaba parte de sus días estudiando y jugando con sus amiguitos, tanto en los predios del colegio como en su vecindario en Cabimas. El amor de sus padres, el de sus amiguitos, el de sus hermanos y el de sus maestros contribuyeron a darle una sensación de seguridad y esperanza a la pequeña niña. Su desarrollo fue el de una chiquilla normal, llena de amor y sin preocupaciones por los problemas internos o externos que acareaba a su país. Fue en este ambiente lleno de positivismo que cursó Mairy sus grados de escuela primaria hasta lograr alcanzar a llegar a la escuela secundaria, donde tuvo que enfrentar nuevos retos y desafíos.

En la secundaria, como toda novata, la joven tuvo que adaptarse a un ambiente lleno de "batallas" y retos típicos que son parte del ambiente bautismal y hostil que puede presentar todo nuevo comienzo. Empezar a cultivar nuevas amistades, la seriedad que requerían cursos exigentes para el buen historial e índice académico, manejar y balancear el tiempo que tenía para estudiar, actividades extracurriculares combinadas con una vida social y las tareas del hogar eran solo algunos de estos desafíos. Aunque la joven hizo malabares para adaptarse a su nueva situación, la adolescente logró salir adelante con gran éxito. El tiempo pasó a toda prisa, y en un abrir y cerrar de ojos Mairy ya había terminado la secundaria. La estudiante fue una niña inteligente, juiciosa y dedicada que tenía los pies en la tierra. Estimulada por unos adorables padres, quienes hicieron el máximo por ayudar y empujar a la joven estudiante a un mundo nuevo donde educarse era lo primero en una familia de escasos recursos. Mairy terminó en la cúspide y lista para los siguientes retos que tendría que enfrentar en el recorrido por el sacrificado mundo de la educación. Equipada con nuevas ideas, recursos, confianza, alta autoestima y las herramientas necesarias, resultado de mucho sacrificio y del trabajo duro realizado en la secundaria, ahora era tiempo de enfrentar nuevas luchas y desafíos.

La situación se tornó aún más difícil para la joven estudiante ahora que estaba en edad de tomar sus propias riendas en aras de forjarse una carrera y así asegurar un mejor futuro. Mairy era una buena estudiante, pero aun así le quedaba mucho camino por recorrer para poder llegar a la meta que se había trazado, la cual era licenciarse en ingeniería petrolífera. La joven enfrentaba los mismos retos y desafíos que tuvo que afrontar para entrar en la secundaria. Tenía que cultivar nuevas amistades, enfrentarse a cursos exigentes, manejar el tiempo para estudiar, trabajar y completar las tareas en el hogar mientras dedicaba tiempo y esfuerzo a toda una gama de vivezas que ya conocía. Estas responsabilidades, con el compromiso y la seriedad que había que enfrentarlas, se acrecentaron y tomaron más importancia en la vida de la joven con el paso del tiempo. El comienzo de una vida de adultez en la que Mairy estaba por comenzar no parecía muy halagadora. Los esfuerzos para salir adelante y triunfar en esta nueva aventura tenían que ser duplicados, y la seriedad que ameritaba enfrentar tales esfuerzos no podía ser menospreciada, porque de ellos dependía el éxito que pudiera tener la muchacha.

Como en años anteriores, la joven contaba con el apoyo y el respaldo de sus padres y demás familia. Sin embargo, viniendo de un hogar humilde, era poco el apoyo financiero que su familia podía contribuir para las necesidades de la estudiante. Como Mairy ya era una adulta, se impuso la obligación de ayudar a sus padres para que su hogar no estuviera carente de las necesidades que tenía la familia y ayudar en lo que fuera posible a sufragar sus estudios, todo esto mientras era una estudiante a tiempo completo. Aun así, la jovencita no fue negligente en sus estudios y aunque le tomó mucho esfuerzo, trabajo y dedicación, logró mantener un récord excelente durante sus años académicos.

Para ayudarse económicamente y contribuir al bienestar del hogar, la joven tuvo que hacer malabares para, en su tiempo libre, reunir algún dinerito que casi siempre escaseaba en el hogar. Sus padres nunca fueron negligentes, pero era una familia grande y había que echarla hacia adelante. Mairy y sus hermanos hacían lo que podían para ayudar a sus padres, quienes se esforzaban para salir a flote y velar por el bienestar de todos sus hijos.

Por su parte, la joven estudiante probó sus habilidades empresariales y trató por todos los medios de explotar sus conocimientos de vendedora ambulante. Fue así como la abnegada hija se dio a la tarea de ofrecer y vender casetes de música por gran parte de la costa oriental del lago Maracaibo. El blanco principal para la venta de la música de la jovencita era el gran número de gasolineras que había en esta zona. El esfuerzo por vender estos casetes era enorme, pero al final del día la joven empresaria terminaba con unas cuantas monedas, las cuales servían para aliviar en algo la carga económica de la familia y para sustentar algunas necesidades de la laboriosa estudiante.

Al final todo el trabajo, esfuerzo y dedicación pagaron con creces. Para el año 1993 la diligente estudiante obtuvo su título de Ingeniera de Petróleo. Aunque era ocasión de celebrar el triunfo de la ingeniera, hubo poco tiempo para coger un suspiro y descansar. Por su rendimiento académico, la recién graduada fue considerada para hacer pasantías en la industria petrolera. De esta manera, la ingeniera, a sus escasos 19 años, fue reclutada por PVDSA y pasó a devengar un salario digno de una profesional empleada por la corporación más poderosa de toda Latinoamérica.

Mairy dedicó 22 años de su vida como empleada de PVDSA y alcanzó grandes logros económicos y profesionales en su vida personal y profesional. Económicamente, pudo ayudar a su familia y, a la misma vez, logró levantarse por sus propios méritos, y se forjó un futuro que parecía una historia sacada de un cuento de hadas. Profesionalmente, en muy corto tiempo se posicionó como una excelente experta en su área de trabajo, siendo así pieza clave para la poderosa corporación en la cual trabajaba.

Lamentablemente, para el año 2019 la industria del petróleo ya casi se había venido abajo en Venezuela. El presidente Nicolás Maduro estuvo a punto de paralizar la industria del petróleo, se adueñó de lo poco que quedaba de PVDSA, cesanteó a miles de empleados e impulsó salarios de hambre a los que quedaron trabajando para la corporación. Bajo estas nuevas normas era imposible continuar trabajando para la corporación, y miles optaron por dejar sus empleos y aventurarse en otras áreas. Mairy fue una de estas víctimas que, viéndose devengando un salario de hambre, optó por dejar la empresa.

Capítulo 3
PDVSA

Venezuela nacionalizó la industria del petróleo el primero de enero de 1976. Fue bajo la dirección del poderoso político Valentín Antonio Hernández Acosta, ministro de Minas y Energía (1974-1979), que ocurre este magno evento. Con la nacionalización del petróleo en Venezuela, bajo la presidencia de Carlos Andrés Pérez, también nació Petróleos de Venezuela, S.A. (PDVSA), convirtiéndose esta en la empresa estatal venezolana de petróleo.

El nacimiento de PDVSA resultó en un mejor control del petróleo y sus derivados para el pueblo venezolano. La agencia se encargó de la planificación, coordinación y supervisión del crudo en el país. Además, PDVSA estaría a cargo del control de las actividades de exploración y explotación del crudo, hidrocarburo y otros filiales del petróleo.

Esto no solo aplicaba a la República Bolivariana, sino que también tenía vigencia en el exterior del país. Teniendo activos en el exterior, el interés de la corporación para la exploración y explotación del crudo nos ayuda a entender la política de Venezuela fuera del país.

Fuera del territorio nacional, CITGO es el principal activo de PDVSA. Esta refinería, con sede en Houston, Texas (USA), es responsable por la transportación y comercialización del petróleo y de sus derivados. Ambos países, Venezuela y USA, se beneficiaban considerablemente de este activo venezolano. Sin embargo, por motivos de sanciones a Venezuela en el año 2019 por parte de los Estados Unidos de América, PDVSA sufrió una debacle con este activo y tuvo graves repercusiones para el país venezolano.

Por otra parte, PVDSA aparenta ser propiedad de la República Bolivariana de Venezuela y debería estar subordinada al estado y su compromiso con el pueblo, quien se supone sea el legítimo dueño del petróleo. Las operaciones de PDVSA son controladas por el Ministerio del Poder Popular de Petróleo. De esta manera, el Ministerio decide qué dirección va a tomar la corporación. Sin embargo, el Ministerio "debe regirse de acuerdo con el Plan Nacional de la Patria" (Segundo Plan Socialista de Desarrollo Económico y Social de la Nación, 2013-2016).

Esta poderosa corporación es responsable por valorizar los recursos naturales de hidrocarburos por el bienestar del pueblo venezolano. No basta con la explotación de estos recursos, sino también debe velar por lo que sea en beneficio del pueblo y su futuro. PDVSA, también es responsable, en parte, por la política exterior de Venezuela. Debe promover aliados en Latinoamérica con el propósito de moverse hacia lo multipolar, donde los nuevos países líderes en la economía latinoamericana dividan su poder económico en varios focos en lugar de una sola causa. De esta manera, el país contribuye a su propio interés de posicionarse en un ámbito cómodo para ejercer la política exterior de Venezuela.

Finalmente, es responsabilidad de la agencia trabajar en el exterior para el desarrollo de Venezuela en el área socioeconómico. Esto debe lograrse a través de políticas de imparcialidad y justicia por medio de la industrialización.

En el área de desarrollo social, PDVSA, a través de los años, diseñó e implementó varios proyectos en beneficio de las comunidades venezolanas. Desde sus comienzos, la corporación invirtió ingresos provenientes del petróleo en áreas de salud, alimentos, carreteras y otros. El desarrollo social del país estuvo ligado al bienestar de su gente y la contribución de la corporación ayudó a cientos de miles de ciudadanos a través de programas sociales como son Misión Ribas, Barrio Adentro, la Revolución Energética y beneficios de alimentos, entre otros. Millones de dólares se invirtieron para fondos de varios programas en beneficio de los necesitados.

Además, PDVSA La Estancia contribuyó grandemente en áreas de beneficio social y cultural. El objetivo principal de esta organización era mejorar la calidad de vida de los venezolanos bajo el Plan Siembra Petrolera. Sin embargo, esto no era otra cosa que una estrategia en función de un proyecto a largo plazo. El objetivo final era el endoso para que PDVSA fuera dirigido a garantizar su función en beneficio de los intereses nacionales.

En el área del ambiente, la estrategia de la corporación se dirigió al desarrollo, entrenamiento e intercambio de ideas. De gran importancia también ha sido monitorear y controlar los planes y política de PDVSA. Mucho de este esfuerzo fue dirigido a la conservación del ambiente a través de negocios y otros programas de los recursos naturales en convivencia con áreas de petróleo: aire, tierra, ruidos, ecosistemas marinos y otros. La conservación del ambiente, en una época, fue celosamente monitoreada y cuidada.

De gran cuidado también fue el manejo de líquidos desechables. El control de ellos era diligentemente monitoreado y regulado para tratarse en plantas de tratamientos instaladas temporeramente en áreas de actividad de perforación.

Aguas "producidas" para ser desechadas servían para la recuperación secundaria de hidrocarburos. De igual forma, la corporación es vigilante y cumple con los estándares establecidos en las emisiones a la atmosfera en el área del monitoreo del control del aire. Además, la agencia es responsable por el monitoreo y el manejo de desperdicios para prevenir cualquier impacto ambiental que pueda ocurrir por algún accidente. Partículas que van al aire deben de ser medidas y vigiladas para asegurarse de que la calidad del aire cumple con requisitos establecidos.

Por otra parte, el derrame de combustible es inevitable en las operaciones de la corporación. La mayor parte de los derrames ocurren en el agua, aunque también pasa en tierra, siendo muchos de estos de hidrocarburos. Estas filtraciones deben de ser atendidas prontamente por PVDSA para mantener el equilibrio en el ambiente.

Constantemente la corporación está obligada a llevar a cabo miles de entrenamientos de índole social-ambiental. Estas actividades han resultado en beneficio para el bienestar de la corporación y sus comunidades. Desde 1976 PDVSA ha trabajado en favor de los venezolanos y ha tenido grandes conquistas, tanto en Venezuela como en el exterior. Sin embargo, PVDSA no es ni la sombra de lo que era en la década de los noventa, y en la actualidad la corporación agoniza y lucha por su sobrevivencia.

En el año 1998, PDVSA producía tres millones ciento veinte mil barriles de crudo diario. Un año más tarde entra Hugo Chávez a dirigir el país, el cual presidió hasta su muerte en el año 2013. Hasta la elección de Hugo Chávez, todos los presidentes de Venezuela habían respetado la independencia de PDVSA para operar como una corporación fuera de los vaivenes políticos. Sin embargo, comenzando con la presidencia de Chávez, empieza la politización de la corporación. Más tarde, después de la muerte de Chávez, el vicepresidente Nicolás Maduro asumió las riendas del país y la politización de la corporación recrudeció aún más. A estas alturas, Maduro continúa como presidente de Venezuela y se ha asegurado de que PVDSA sea el motor que da vida a su corrompido gobierno.

Maduro continuó e intensificó la politización de Venezuela que su predecesor había comenzado. Es obvio que la intervención de ambos presidentes en los asuntos de PVDSA causaron una baja en la producción del crudo. Para el año 2018, diez años después de que Venezuela tuviera su mejor momento, la producción de crudo había caído a un millón ciento treinta y siete mil barriles de crudo por día. Hoy su producción no supera los quinientos mil barriles diarios. Mientras tanto, el gobierno pagaba su deuda externa y bienes que importaba con el noventa y seis por ciento de divisas obtenidas de la corporación. Como resultado del desplome de PVDSA, el gobierno también colapsó y el caos se apoderó de Venezuela. ¿Cómo se puede explicar este colapso de la corporación que cuenta con el yacimiento de petróleo más grande del mundo, especialmente cuando PVDSA estaba muy bien administrada antes de comenzar a politizarse?

Son muchas las razones y los responsables por esta tragedia que arropa al pueblo que una vez fue el país más rico y poderoso de América Latina. Quizá Hugo Chávez, por su generosidad y nobleza para pueblos oprimidos, contribuyó sin proponérselo a la caída de PVDSA.

El 7 de abril de 2002, en un programa televisivo, Chávez despidió a siete altos funcionarios de PVDSA y amenazó con despedir a otros más. Esta acción del presidente resultó en una movilización por los trabajadores de la corporación contra el presidente Hugo Chávez, quien resultó derrocado. Sin embargo, en menos de cuarenta y ocho horas Chávez ya había vuelto al poder. En diciembre de ese año la mayoría de los trabajadores de PDVSA generaron un paro que duró hasta enero de 2003. La huelga terminó con el despido de unos veinte mil trabajadores, de un total de treinta y cinco mil que tenía la corporación. Con esta acción quedó fuera el cuarenta por ciento de la materia gris que era la cabeza de la corporación. De esta forma, el mandatario despojó a la corporación de gran parte del poder que esta tenía para operar como un ente independiente. Estos episodios y otros más contribuyeron grandemente a la caída de la producción del crudo en Venezuela.

Con el descabezamiento de la corporación, PDVSA fue "reconstruida" por gente de Chávez, quienes no tenían la experiencia ni la pericia de aquellos que fueron destituidos. La reorganización de la agencia comenzaba desde arriba con el nombramiento del economista de ideas marxista Gastón Parra Luzardo, quien más tarde fue nombrado presidente del Banco Central. Con esta acción se recrudece la politización en la corporación y también comienza la caída del crudo en el país.

El socialista Hugo Chávez entendía que no se podía tener una empresa billonaria mientras en el país había una población pobre. Con esta idea, el presidente se propuso convertir a PVDSA en un ministerio de índole social. Este fue el comienzo de Chávez de convertir a PDVSA a la financiación de obras de bienestar para el pueblo venezolano. El dinero de la corporación fue dirigido a financiar obras públicas, planes sociales y otros proyectos que nada tenían que ver con la actividad petrolera. Los gastos públicos que tenía PVDSA eran enormes, y al final los recursos de la corporación no alcanzaban para sus impuestos, gastos públicos y obras sociales. Como si estas bondades del presidente Chávez fueran poco, PVDSA casi regalaba el combustible al pueblo venezolano y por mucho tiempo el precio de este no cambió de gran manera.

A pesar de todos estos tropiezos que sufría la corporación, PVDSA permaneció de pie gracias a los precios del crudo que se disparaban durante todo este tiempo. Como prueba de esto, podemos ver que el precio del barril de petróleo rondaba los diez dólares en el 1999. Para el año 2012, el barril de crudo costaba alrededor de ciento diez dólares.

Sin embargo, con la caída del precio del petróleo, que comenzó ese mismo año, comienza a agudizarse la crisis que más tarde sufriera PVDSA. Otro detonante que empeoró la situación para la corporación fueron las sanciones impuestas por los Estados Unidos al gobierno de Nicolás Maduro, con el objetivo de evitar que el presidente usara la industria petrolera para su propio beneficio y el de su gobierno corrupto. Estas sanciones impidieron a PVDSA a endeudarse y de esta manera poder renegociar su deuda en el exterior. PVDSA se comprometía cada día más, sin embargo, por la carga que tenía, siendo una agencia para promover el interés social en el país. Por un lado, la corporación recibía grandes sumas de dinero por sus negocios con el petróleo, pero, por el otro, lo gastaba en causas de interés social y para beneficio de los intereses del régimen Maduro. Mucho de este dinero también se utilizó para promover la política pública fuera de Venezuela. Países aliados se beneficiaron del dinero negro que enviaba Venezuela fuera del país para promover su política pública en el exterior.

En el año 2014 el nuevo gobierno de Nicolás Maduro comenzó una campaña de persecución política contra PVDSA. Maduro quería destruir la directiva de PVDSA y obtener control de la corporación y sus entradas. Como resultado, muchos de sus gerentes y trabajadores quedaron en la calle o presos. El nuevo presidente reemplazo a la cúpula de la corporación con su gente, y así PVDSA pasó a ser controlada por el gobierno de Nicolás Maduro. El presidente usó las divisas de la corporación para financiar el gobierno y su política exterior. Con esta táctica de usar las entradas de PVDSA para las "necesidades" del gobierno, importaciones y suministros para el pueblo sufrieron, y pronto muchas de estas provisiones comenzaron a escasear, causando un caos en el pueblo que cada vez se hundía más en la desdicha. Las protestas del pueblo crecían cada día más, pero la maquinaria Maduro logró controlar y doblegar a las masas mientras el pueblo se hundía en la miseria y el abandono.

Fueron muchas la razones para la destrucción de PVDSA, la gallinita de los huevos de oro, la cual sufrió bajo pésimas administraciones, administradores y personal que no estaba capacitado para llevar las riendas de la empresa. Políticas malísimas de funcionarios incompetentes contribuyeron a la decadencia de PVDSA. Sin embargo, la causa mayor para la caída de la corporación fue la politización de esta. Politizar una compañía abre la puerta a políticos para usurpar a la misma. Esto quedó evidenciado en el caso de PVDSA. En la actualidad no hay mucho que se le pueda exprimir a la corporación porque ya esta no es rentable. Sin embargo, el gobierno de turno continúa el saqueo del país en otras áreas, como la minería, mientras el pueblo, que no puede aguantar más, se hunde en una fosa cada vez más profunda, y muchos de sus ciudadanos han optado por refugiarse en el extranjero.

Capítulo 4
Familia

Afortunadamente, antes de que PVDSA cayera en decadencia financiera, a finales de la década del 2010, muchas familias quienes dependían de la corporación tuvieron una época de bienestar económico y bonanza que los llevó a tener una vida venturosa y codiciada por muchos dentro y fuera del país. La crisis petrolera, y por ende la del estado, no estaba en los planes de los empleados de la corporación, y tampoco estaba en las mentes del pueblo venezolano. Sin mayores preocupaciones, un pueblo próspero y trabajador avanzaba a un ritmo acelerado hacia, un futuro brillante y prometedor. Empleados de PVDSA prosperaron, y muchos adquirieron bienes materiales que, junto a sus bienes inmuebles, mostraban el grado de prosperidad que habían adquirido trabajando para la agencia. Al parecer, la bonanza que disfrutaban empleados de la corporación y sus familias era imparable.

Nuestra amiga Mairy fue una de esas empleadas que se lucró mucho durante los 22 años que laboró para la agencia. Aunque de una forma meticulosa, la joven pudo adquirir bienes y beneficios que la llevaron a vivir desahogadamente en un barrio de clase media junto a otros empleados de PVDSA, quienes estaban en la misma situación que ella. Con un salario de ingeniero de clase media, a la muchacha le alcanzaba para sus gastos y también le alcanzaba para ayudar a sus padres con las necesidades de día a día que ellos tenían que enfrentar.

La situación fue mejorando para la chica y eventualmente pudo comprar un automóvil para moverse a su trabajo, pasear y transportar a su familia para cumplir con sus necesidades. Aunque el automóvil no era uno de último modelo, estaba en excelentes condiciones y con la gasolina tan barata que apenas necesitaba unos cuantos centavos para mantener el tanque de combustible lleno todo el tiempo y no tener que preocuparse por gastos de gasolina y aceite. Aunque las piezas para reparar el automóvil, baterías y neumáticos eran algo costoso, la ciudad de Cabimas tenía un sinnúmero de comercios que se dedicaban a la distribución y venta de piezas y reemplazos para automóviles. Esto hacía que la competencia fuera reñida entre comerciantes y distribuidores, resultando en precios bajos que favorecían al consumidor. Aunque en realidad la joven mujer, con un sueldo jugoso de clase media, podía darse el lujo de mantener su automóvil en óptimas condiciones sin importar mucho cual fuera el costo de su mantenimiento.

El ambiente en el que se movía la muchacha mejoraba cada vez más, y con el tiempo su situación económica le permitió adquirir su propia propiedad. Esto gracias al programa de PVDSA que ofrecía ayuda económica a empleados para obtener sus viviendas. Mairy no únicamente puedo comprar su casa, sino que también aprovechó esta ayuda de la corporación para comprar una segunda casa, la cual regaló a sus padres. Ambas casas, aunque localizadas en un barrio de clase media, eran modestas, pero estaban en muy buenas condiciones. Las dos viviendas contaban con árboles frondosos, donde padres e hija pasaban horas muertas hablando y deleitándose de la compañía de ambos. Con la adquisición de la casa para sus progenitores, la noble hija no solamente daba apoyo a sus padres, sino que también ahora estos tenían compañía y la seguridad de tener un ser querido puerta con puerta.

La ingeniera, no obstante, un tiempo más tarde, hizo varias remodelaciones a su casa, las cuales le dieron un aire de modernidad y bienestar a la vivienda. La nueva casa pronto pasó a ser una muy amplia, con muchas comodidades, algunos lujos, y buenos vecinos en un lindo y próspero sector de la ciudad de Cabimas. La amplia residencia ahora contaba con cuatro dormitorios, tres baños, una piscina y un jacuzzi, entre otras cosas. Sin embargo, el lujo mayor que tenía su hogar era que sus padres eran los vecinos más cercanos.

La valiente ingeniera aprovechó como pudo toda la ayuda que ofrecía PVDSA a sus empleados. Además de ingeniería, a la muchacha le gustaba mucho la cocina, y por eso estudió durante dos años la carrera de chef. Con esta preparación, para el año 2007, Mairy obtuvo ayuda de la corporación para montar un pequeño negocio donde, además de vender comidas, se aprovechaba el local para vender otras novedades, como prendas de vestir y joyas, entre otras. Sin embargo, ella disfrutaba su trabajo de ingeniera en la corporación y no tenía el tiempo para atender a su negocio. Fue por eso por lo que miembros de su familia estaban encargados de su operación y administración. De esta manera, el negocio ofrecía un alivio económico a la familia. No obstante, con la entrada de Nicolás Maduro al poder en el 2013, cientos de negocios se desplomaron en el país y muchos tuvieron que cerrar sus puertas para siempre. Penosamente, para la familia, el restaurante de Mairy fue uno de ellos.

Durante sus años de colegio la joven estudió muy duro y su esfuerzo le rindió frutos; más tarde se entregó al trabajo fuerte de la corporación y PVDSA la recompensaba por sus esfuerzos y dedicación.

Para esta época la esperanzada mujer se había casado, y del matrimonio procrearon tres hijos, todos varones. Con mucho esfuerzo y sacrificio, la dedicada trabajadora logró que sus hijos estudiarán y se hicieran profesionales. Los tres siguieron los pasos de la madre y se licenciaron en ingeniería.

Aunque los dos mayores se especializaron en ingeniería de petróleo, no les ha sido posible conseguir trabajo en este campo. Después de mediados de la década del 2010, los trabajos en la industria del petróleo comenzaron a desaparecer en Venezuela, o pagaban sueldos de hambre y era difícil conseguir trabajo con la corporación. De manera que casi todos los que dependían de la industria del crudo tuvieron que reinventarse y ganarse su sustento en otras áreas o fuera del país. Así, también, sucedió con los hijos de Mairy: los dos jóvenes estuvieron obligados a aceptar empleos en áreas que nada tenía que ver con ingeniería del petróleo. Estos empleos raras veces estaban disponibles en Venezuela, y en ocasiones muchos venezolanos se vieron obligados a emigrar a otro país para poder salir adelante.

Estos primeros dos hijos se casaron, y cada uno fue bendecido con el nacimiento de dos niñas que hicieron abuela a Mairy. De más está decirse que la abuela vive muy orgullosa de tener dos lindas nietas quienes son la luz de sus ojos. De igual forma, sus padres se desviven por sus hijas.

Por otro lado, el menor de los hijos de la afanosa dama se graduó en ingeniería metalúrgica. Sin embargo, este acaba de graduarse y todavía no entra en el campo laboral. Con la situación que vive Venezuela en la actualidad, esto va a ser cuesta arriba. Sin embargo, en el país muchos piensan, esperan y rezan porque las cosas mejoren en un futuro no muy lejano. Hay numerosos dedos cruzados y muchas plegarias de venezolanos quienes no quieren abandonar su país y esperan un cambio positivo para todos en su patria. Los que ya han abandonado el país no han perdido las ilusiones y esperan que las cosas mejoren algún día para poder regresar a su querida tierra. Mientras tanto, los venezolanos en el país caminan sobre oro negro, y su pueblo se hunde cada día más en la pobreza.

Por su parte, Mairy hizo un buen trabajo con la educación de sus hijos y ahora ayuda en lo que puede a hacer lo propio con sus nietas. A ella le tocó vivir una situación difícil levantando su familia. Sin embargo, todavía PVDSA no había sucumbido a los caprichos de sus líderes y su situación fue menos dolorosa porque sus esfuerzos fueron premiados por la corporación para la cual trabajaba.

La situación económicamente de la mujer sufrió de manera adversa cuando tuvo que enfrentar las penurias de un divorcio. Su matrimonio llegó a su fin y la custodia de sus hijos fue compartida. Sin embargo, ella asumió casi toda la responsabilidad del hogar y los gastos que esto conlleva. Cuando la pareja decidió terminar con el matrimonio, afortunadamente, todavía la laboriosa mujer podía contar con el respaldo de un sueldo fijo. Sus finanzas todavía estaban sólidas y pudo ofrecer a sus niños lo necesario y que estudiaran para que en un futuro pudieran salir adelante. Una vez más, la heroína tuvo que trabajar duro para salir adelante mientras ofrecía seguridad y estabilidad a su familia.

No solamente era la mujer el sustento de su hogar, sino que también pasó a ser el puntal de sus papás. Ella ofrecía todo el apoyo moral y económico a sus padres hasta donde podía. De la misma forma, hacía lo humanamente posible por mantener a sus hijos bien atendidos. La noble mujer desbordó todo su amor y cariño en su familia, y sus padres se sentían seguros y protegidos por la hija heroína.

La ingeniera supo aprovechar la oportunidad que le dio PVDSA durante veintidós largos años. No únicamente pudo Mairy salir adelante, sino que además consiguió impulsar a su familia a mejorar sus vidas y a aspirar a un mejor futuro. La incansable señora sirvió de inspiración a sus hijos y demás familia, siendo un modelo para emular. La corporación para la cual ella trabajaba, su esfuerzo y dedicación, claro está, le ayudaron a hacer todo esto posible.

A Mairy le fue bien, a pesar de que a finales de la década del 2010 la situación en Venezuela ya comenzaba a complicarse. La corporación para la cual ella trabajaba comenzó a despedir personal a la vez que perseguía a otros que no se ajustaban a la política del gobierno de Nicolás Maduro. Para colmo de males los alimentos escaseaban o el dinero no alcanzaba para comprarlos. Había que ingeniárselas para poder conseguir alimentos para la familia. Algunas familias, incluyendo a la virtuosa mujer, optaron por alquilar a un chofer que los llevara en una camioneta a Colombia para conseguir allí los alimentos a un precio módico. El costo de los artículos, sin embargo, cada día estaba más caro debido a la hiperinflación. Adicional a esto, había que incluir el costo del viaje al país hermano, el cual también era inflado a tenue con los cambios erradico de la economía venezolana. Algunas familias que vivían cerca de la frontera con Colombia y no tenían para sufragar el costo de la camioneta y su chofer optaron por hacer la travesía a pie, a pesar de que esto conllevaba un esfuerzo extraordinario. Para Mairy y otras familias venezolanas que vivían muy lejos de la frontera, hacer el recorrido a pie era imposible, y sin otra opción viable, eran obligadas a alquilar la camioneta para poder cargar con la mercancía de regreso a su país. Afortunadamente, a estas familias les alcanzaba el dinero para pagar por el viaje de compras a el país vecino, y mientras pudieron hacerlo, continuaron haciendo sus compras en el extranjero.

Capítulo 5
Tiempos difíciles

"Todo tiene su final, nada dura para siempre", dice una sonada canción, la cual fue muy popular durante la década de los setenta y por muchos años después. En el caso de PVDSA, claramente podemos ver que con la llegada al poder de Hugo Chávez la corporación comenzaba a politizarse, y su política socialista tuvo consecuencias negativas para la compañía. Más tarde, bajo el régimen de Nicolás Maduro, comenzando en el año 2013, el deterioro de PVDSA se agudizó aún más y el final de los años de bonanza para los empleados de la corporación llegó a su final.

Con la muerte de Hugo Chávez el 5 de marzo de 2013, el país vio una elección especial el 14 de abril de 2013, donde el vicepresidente Nicolás Maduro ganó a su mayor opositor, Henrique Capriles, por un escaso margen, cargando así con la presidencia de Venezuela. De esta manera, el presidente electo aseguró las riendas del país y comenzó su mandato como legitimo presidente democrático de la República de Venezuela. Sin embargo, Nicolás Maduro ha gobernado al país por decreto durante mucho tiempo, casi desde que fue electo en el 2013. El mandatario ha enfrentado problemas sociales, económicos y políticos de forma dictatorial mediante el uso de sus múltiples agencias, las cuales controla con mano de hierro. De igual forma, el presidente ha empleado estas agencias para tratar de controlar al país en áreas de inflación, la pobreza, la delincuencia y el hambre. Cuando las agencias han fallado, el mandatario ha empleado su ejército para controlar al país y mantenerlo bajo su yugo.

Para el año 2014 se produce en el país una escasez de alimentos y otras provisiones, las cuales resultaron en una disminución de la calidad de vida. Como consecuencia a estos problemas sociales y económicos, se producen y propagan masivas protestas en toda la nación. Sin embargo, estas protestas no resultan en mayorees consecuencias para el gobierno de Nicolás Maduro. El presidente agrupó el poder en los órganos de las Fuerzas Armadas, el Tribunal de Justicia y el Poder Electoral, entre otros. Las batallas libradas entre el pueblo y el gobierno de Maduro fueron ganadas "legalmente" por el gobierno del mandatario, que ya comenzaba a gobernar como todo un dictador.

En las elecciones presidenciales del 2018, Maduro fue reelecto por un periodo de seis años. Sin embargo, estas elecciones se vieron trastocadas por un sinnúmero de irregularidades. Sus opositores fueron inhabilitados para ejercer ningún tipo de derecho. Muchos fueron encarcelados, exiliados o impedidos a participar en la elección. Asimismo, en la votación no hubo observación internacional y electores fueron amenazados con la posibilidad de perder sus trabajos o ayudas sociales si no apoyaban al presidente Maduro.

Como resultado, las elecciones no fueron reconocidas por unos 51 países, la Unión Europea, el grupo de Lima, la Organización de Estados Americanos, el grupo de los G7 y por supuesto, por la oposición.

Basado en el artículo 233, la Asamblea Nacional declaró a Nicolás Maduro usurpador de la presidencia de Venezuela para el término de 2019-2025 y nombró a Juan Guaidó presidente interino del país. Es así como Juan Guaidó fue reconocido por unos cincuenta países como presidente encargado de Venezuela.

Aunque ahora el país tenía dos presidentes y en el exterior no se veía a Nicolás Maduro, por muchos países, como el legítimo mandatario de Venezuela, este seguía dirigiendo el país desde el Palacio de Miraflores, mientras Juan Guaidó hacía lo propio desde el exterior del país. Aunque Maduro amenazó con apresar a Juan Guaidó, este nunca llevó a cabo sus amenazas, tal vez por temor a represalias por países que reconocían a Guaidó como presidente. En Venezuela el apoyo al presidente encargado fue masivo; sin embargo, Nicolás Maduro poseía las riendas del gobierno, tenía el mando de sus agencias y gobernaba con mano de hierro. Ante este panorama era poco lo que podía hacer una población desnutrida a merced de un insensible, inconmovible y despiadado dictador.

Mientras tanto, la situación en el país se tornaba cada día peor. La lucha por la supervivencia se agudizaba y la ayuda de suministros básicos del exterior era vital. Muchos ciudadanos continuaban dejando el país, mientras otros hacían lo imposible por alimentar a su familia y prevenir el caos en sus vidas y la de sus seres queridos. La necesidad que tenía el pueblo venezolano conmovió al mundo, y muchos trataron de ofrecer ayuda humanitaria a Venezuela de la manera en que podían. Sin embargo, estos tuvieron mucha resistencia de parte del gobierno venezolano. Por su parte, Nicolás Maduro niega que su país sea un país con hambre y piensa que los que tratan de enviar alimentos y medicinas a su país lo hacen con el propósito de intervenir en la soberanía de su patria.

El 23 de febrero de 2019, con la ayuda de los Estados Unidos, Juan Guaidó trató de enviar ayuda humanitaria a Venezuela a través del puente Simón Bolívar. Aunque dos de los camiones con ayuda humanitaria lograron evadir los obstáculos de Nicolás Maduro y cruzaron la frontera hasta llegar a Venezuela, este prohibió el paso a los demás camiones y bloqueó su movimiento con grandes contenedores que obstaculizaban el puente y, como si esto fuera poco, ordenó el cierre de la frontera con Colombia. La excusa de Nicolás Maduro para detener la ayuda humanitaria fue que, de acuerdo con el presidente, esto era solamente un pretexto de los Estados Unidos para invadir su país.

Luego de este incidente llegó alguna ayuda humanitaria a Venezuela de parte de instituciones privadas, y más tarde se recibió ayuda de parte de la Cruz Roja. Sin embargo, muchos de estos artículos se quedaban en manos de funcionarios del gobierno responsables por canalizar los mismos. Los vaivenes políticos y la burocracia gubernamental hacían imposible hacer llegar al ciudadano común muchos de los alimentos y medicinas que llegaba del extranjero. Mientras tanto, el presidente Maduro insistía en que la situación del país no era tan crítica como la pintaba la oposición.

El ciudadano de a pie hacía lo imposible por mantener a su familia fuera del bamboleo político mientras hacía malabares por conseguir algo que lo sustentara y a su familia. Muchos de ellos, a los cuales les había ido bien antes de que comenzara la crisis del país, pero que ahora sufrían la misma suerte que el resto de la población, se dieron a la tarea de vender lo poco que tenían de valor. A un puñado de ellos le fue bien por algún tiempo. Sin embargo, a medida que la situación siguió empeorando, el país se quedó sin compradores y las ventas ya no eran un recurso como fuente de ingreso para estos obreros desempleados. La opción más viable para escapar de la situación en que vivía un sinnúmero de venezolanos, que cada vez estaba más necesitado, era emigrar al extranjero. Aunque muchos resistieron esta opción, a otros no les quedó más remedio, y cada día era mayor el número de venezolanos que con llanto en el alma dejaba su país en pos de un mejor futuro, aunque fuera incierto.

Mairy fue una de tantas que comenzó a ver altibajos en su trabajo. Como a miles de otros empleados de PVDSA, su salario fue reducido a una paga que no iba de la mano con la profesión que tenía y el trabajo que se le requería hacer. Aunque por la solidaridad que ella tenía con la empresa, la cual le había dado tantos beneficios por muchos años, trató de aguantarse todo lo que pudo. Su fe en la organización, pensando que la situación iba a mejorar, también fue una justificación para mantenerse fiel a su empleo. Por mucho tiempo sufrió las penurias de una compañía que se desplomaba y se llevaba con ella fieles y nobles empleados, quienes habían sido el motor y el corazón de un gigante. Tal vez la sacrificada ingeniera se hubiera quedado un poco más de tiempo en la corporación. Sin embargo, las exigencias políticas de un gobierno que requería de sus empleados el apoyo incondicional de estos, sin tolerar los sentimientos y la opinión del individuo, hacía cada vez menos tolerable la situación laboral. Bajo estas condiciones, la mujer se vio obligada a renunciar a un trabajo que tanto amaba y que tanta vida le había dado.

Desempleada y desesperada, la errante mujer hizo lo imposible por emplearse en oficios que nada tenían que ver con su preparación académica. Por suerte, ella tenía conocimientos de cocina y durante un tiempo logró subsistir en el ambiente de la elaboración de alimentos. Sin embargo, con el pasar del tiempo, el trabajo en la cocina también se escaseaba, pues la gente en su gran mayoría no podía darse el lujo de comer en la calle. Muchos a duras penas tenían algo que comer en sus casas. Aquellos que tenían algo que comer y podían alimentar a sus familias eran los más afortunados.

La desempleada mujer, sin embargo, estaba determinada a no pasar hambre y trabajó en diversos empleos... cuando aparecían. Otras veces se dio a la tarea de vender algunos de sus trebejos, especialmente los que fueron usados en su negocio, que les eran inservibles, pero que eran de gran utilidad a algunas personas para usarse en algún negocio o en una casa amplia. Durante algún tiempo Mairy pudo hacer una que otra venta con algunos de estos enseres, pero la situación seguía de mal en peor en el país y ya nadie compraba nada porque el dinero estaba escaso. En un momento dado, la desesperada desempleada optó por vender su automóvil. El mismo ya no era de utilidad a la ingeniera, pues se le hacía difícil obtener gasolina. A veces, por el alto precio, le era imposible obtener el combustible para su automóvil; otras veces había escasez de este. De cualquier forma, nadie quería o podía comprar un automóvil, el cual ya no era una necesidad en el país y más bien era un lujo. El automóvil, aunque estaba en muy buenas condiciones, tuvo que ser abandonado en el garaje de la casa con la esperanza de que algún día apareciera un comprador.

Aunque Mairy necesitaba un vehículo para sus compras, cargar agua, salir a buscar empleo, etc., no podía darse el lujo de usar el de ella. Por esta razón, y con mucho sacrificio, pudo comprar una bicicleta, la cual usaba para todas sus necesidades que requerían transportación lejos de su casa. Aun así, su vida se hacía cada día más difícil e intolerable. La situación en el país no mejoraba y cada día el costo de vida era más alto, los artículos necesarios escaseaban cada vez más y debido a la hiperinflación y la escasez de dinero para obtener lo necesario para vivir y salir adelante se hacía cada día más difícil.

Fue así como la pobre mujer anduvo dando tumbos de trabajito en trabajito en lo que aparecía donde pudiera ganarse unos pesitos. Finalmente, la desempleada ingeniera comenzó a pensar seriamente en abandonar el país. Aunque ella había estado contemplando esta idea por algún tiempo, a la venezolana no se le hacía fácil dejar su patria. Eran muchas las ataduras que la mantenían amarrada a su tierra. Dejar el país implicaba dejar atrás a su familia, amistades, su hogar y bienes materiales, que le había costado tanto adquirir. Aunque su familia y amistades iban a estar esperando su regreso, con el pasar del tiempo, la mujer corría el riesgo de perder todos sus bienes materiales. Después de arduos sacrificios y mucho trabajo por obtener estos bienes, era difícil abandonarlos sin saber qué iba a pasar con ella o con las pertenencias que dejaba atrás.

Los venezolanos que abandonan a su país bajo estas circunstancias siempre albergan la esperanza de regresar algún día. Pero nadie sabe el tiempo que pasará hasta que puedan regresar... si es que logran hacerlo. La realidad es que no hay ninguna garantía de que puedan volver a lo que un día dejaron.

La situación en el país era cada día más desesperante, y Mairy se armó de coraje y tomó la difícil decisión de abandonar su patria tan pronto como tuviera la oportunidad. La arriesgada mujer se comunicó con una amiga en Bucaramanga, Colombia, a quien pidió apoyo para viajar hasta allá y probar fortuna. Gentilmente, su amiga le comunicó que estaba dispuesta a recibirla cuando llegara. Las amigas acordaron la fecha en que Mairy viajaría y esta se dispuso a hacer los preparativos para el viaje.

Cuando llegó la fecha para que la viajera emprendiera el viaje, fue un día de muchas emociones. Aunque Mairy visitó a su mamá, como de costumbre, no se despidió de ella porque pensó que la despedida era muy dura, y su mamá, quien padecía de problemas del corazón, podría tener un contratiempo. Con lágrimas en los ojos, esa tarde la hija dejó a su mamá para ir a su casa a esperar la hora de partida.

Con el poco dinero que la desesperada mujer había reunido pagó a un chofer para que la llevara a Cúcuta, Colombia, donde abordaría un autobús rumbo a Bucaramanga. Como eran varias horas de camino para llegar a la estación de autobuses de Cúcuta, había la necesidad de viajar de noche. De esta manera, la viajera, junto a otros pasajeros que también iban a Cúcuta con el mismo chofer que ella había contratado, dejaron a Cabimas a las 2: a.m. para así llegar a tiempo a su destino.

El viaje hasta Cúcuta se dio sin incidentes, y como estaba a tiempo, Mairy y una amiga, quien también viajaba a Bucaramanga, entraron a una cafetería a tomar un café. Aunque el dinero estaba escaso, la venezolana había viajado toda la noche y no había probado bocado. Después de un estimulante café y un panecillo dulce, Mairy y su amiga ya estaban listas para llegar hasta la estación de autobuses, comprar el boleto a Bucaramanga y emprender el viaje tempranito en la mañana.

Sin embargo, ese día no era el día de suerte de las dos mujeres que viajaban a Bucaramanga. Las amigas acordaron tomar un taxi para que las llevara de la cafetería a la estación de autobuses. Pero esta no fue una buena decisión, porque camino a la estación de buses el chofer del taxi se vio obligado a hacer una parada en un semáforo y ahí aprovecharon unos maleantes para asaltar al chofer y a sus pasajeras. A punta de pistola, el taxista, la cabimense y su amiga fueron despojados de todo el dinero que tenían y de sus pertenencias. Entre las pertenencias que fueron hurtadas, Mairy perdió su pasaporte, la visa para viajar a otro país y papeles importantes que contenían pruebas de las injusticias que PVDSA había cometido contra ella. Estos papeles le servirían a la mujer para más tarde poder pedir asilo político en otro país. Sin ellos le sería difícil probar su caso de persecución política; sin los papeles no tendría sentido solicitar asilo político en ningún país. La prueba que la ingeniera tenía para pedir asilo político en otro país se desvaneció en un abrir y cerrar de ojos. Sin embargo, después de un tiempo, la viajera pudo recobrar el pasaporte. Desafortunadamente, la visa y los valiosos papeles nunca pudieron recobrarse. Penosamente, sin visa, el movimiento de Mairy a otros países era limitado. Sin una visa, las oportunidades para viajar y establecerse en otro país eran imposibles.

Pero, por ahora, la desafortunada mujer tenía problemas mucho más apremiantes. Lejos de casa, en un país extraño, sin un pasaporte y sin capital, su situación era precaria. Sin dinero y sin pasaporte, la viajera y su amiga ya no podrían continuar su viaje y decidieron regresar a casa. No obstante, tampoco podían regresar a casa porque no tenían el dinero para el viaje de regreso. Dentro de su mala suerte había un rayo de esperanza. Mairy no perdió la fe, y tampoco perdió su teléfono celular y pudo llamar a un amigo para que le enviara dinero para el pasaje de regreso a Venezuela. Por suerte, unas horas más tarde, la infortunada mujer pudo retirar de una agencia de Western Union un poco de dinero que su amigo le había enviado. El dinero le alcanzó para comprar un almuerzo liviano y un boleto de regreso a casa. Ahora tocaba ir a Venezuela a reinventarse y comenzar de nuevo… Esta vez el esfuerzo tendría que ser mayor.

Capítulo 6
Entre Venezuela y Colombia

La crisis nerviosa que le ocasionó el atraco a Mairy en Cúcuta le duró por unos tres días. Aun después de algún tiempo, cuando pensaba en el incidente, a la aventurera mujer se le formaba un nudo en el estómago y se le hacía difícil ingerir alimentos. Afortunadamente, sus padres la ayudaron a lidiar con la situación lo mejor que pudieron. Su madre la mimaba con tés de hierba, los cuales tenían un efecto paliativo a su estómago. Siempre que era posible, su madre le daba algún caldo de pollo y verduras, el cual le calmaba mucho su estómago. Fueron muchos los mimos que recibió la "niña" de parte de su progenitora. Su padre, por otra parte, estuvo muy pendiente de ella y vio que no careciera de nada.

Sin embargo, el tiempo transcurría y la desempleada hija comenzaba a sentir la presión de sentirse improductiva y no poder aportar en nada para mitigar a las necesidades de la familia. Dado un tiempo, la errante mujer comenzó a recorrer las calles en busca de ganarse su sustento y aportar en lo que pudiera para el bienestar de ella y de su familia. La situación en Venezuela no mejoraba, y cada día había más protestas en las calles del país contra el gobierno y menos oportunidades de trabajo. Al parecer lo único productivo que podía hacer el pueblo era protestar contra el régimen de Maduro. Estas protestas eran disuadidas, sin embargo, casi siempre por el ejército del mandatario.

Otras veces, los protestantes contra el intransigente presidente y su gobierno tenían que enfrentar a los colectivos. Estos grupos de motociclistas, paramilitares y armados sembraban el terror cuando aparecían en los barrios donde los ciudadanos se atrevían a retar al gobierno. Maduro, por su parte, en ocasiones, instaba a los colectivos a intensificar esfuerzos para apaciguar a los protestantes y así mantener el control. Casi siempre, estos grupos de colectivos aparecían en vecindarios donde sus residentes protestaban por los constantes apagones eléctricos, falta de combustible o escasez de alimentos. Sin empleo, sin electricidad, sin combustible y sin alimentos, las protestas contra el gobierno se agudizaban cada vez más. De igual forma, el número de colectivos al servicio de Nicolás Maduro crecía cada día para sembrar el terror en el pueblo venezolano y poner fin a las protestas de la población.

Para colmo de males, los barrios más necesitados y donde más problemas había eran los más frecuentados por los colectivos. La necesidad que tenían los ciudadanos en barrios desprovistos de alimentos, electricidad, combustible y otras necesidades obligaba a la gente a tirarse a la calle a protestar. La forma del presidente Maduro de apaciguar los ánimos de protestas en estos barrios carentes de provisiones básicas era incitando a los colectivos a operar en estas áreas. Los colectivos, protegidos por el gobierno, se encargaban de sembrar el terror en los ciudadanos y arrodillar al pueblo a una vida de opresión y dominio.

Desafortunadamente, Cabimas y sus alrededores vieron un sinnúmero de operaciones por estos paramilitares, quienes al parecer sentían placer humillando y maltratando al pueblo. El país entero estaba sufriendo la desgracia de una debacle económica sin freno. Sin embargo, algunos estados, como Zulia, que dependían mayormente de la economía del petróleo, sufrieron mucho más que otros donde la economía petrolera no era la mayor fuente de ingreso. También era aquí donde se agudizaron las protestas y, como consecuencia a estas demostraciones contra el gobierno, se crecían los "colectivos de Maduro".

Este fue el cuadro que tuvo que enfrentar Mairy al regreso a casa después de un intento fallido de dejar el país. Sin embargo, la vida continuaba y de alguna forma había que sobrevivir la tormenta que azotaba a toda la República de Venezuela. La situación que estaba viviendo el pueblo venezolano era patética, y cada día se hacía más difícil sobrevivir bajo condiciones de miseria y angustia.

Ignorando las circunstancias que abatían al país, Mairy dejó todas sus dificultades a un lado y trató de mantenerse a flote. Cada mañana se levantaba temprano e iba al centro a tratar de vender algunas de sus pertenencias o a buscar empleo en lo que apareciera con el fin de conseguir algo de alimento para ella y su familia. Algunos días eran menos malos que otros, pero sin importar cuál fuese la situación, la determinada mujer siempre se mantuvo positiva y nunca se dejó caer; tampoco perdió la esperanza.

No obstante, ella sabía que tarde o temprano tenía que, otra vez, tratar de dejar el país y buscar un nuevo comienzo que fuera más prometedor. Fue así cómo, sin pensar en el pánico que le daba dejar su patria, comenzó nuevamente a planificar su "escapada" hacia el extranjero. De nuevo pidió apoyo a su amiga en Colombia y esta accedió a ayudarla en lo que estuviera a su alcance. Sin embargo, esta vez la situación para salir de Venezuela se había complicado. A raíz de los incidentes del 23 de febrero de 2019 sobre el puente Simón Bolívar, cuando Juan Guaidó trató de introducir ayuda humanitaria al país, Nicolás Maduro ordenó cerrar la frontera con Colombia. Salir de la República Bolivariana ahora sería más complicado, habría que hacerlo de forma ilegal.

Para salir del país habría que hacerlo por trochas, en lugar de usar el puente donde les impedirían el paso a los viajeros. El problema con estas trochas o senderos muy cercanos al puente era que, aunque no estaban muy vigiladas por las autoridades venezolanas, presentaban un sinnúmero de riesgos. Para cruzar de Venezuela a Colombia por una trocha, había que esperar el momento oportuno cuando el río no estuviera muy crecido. De lo contrario, había el riesgo de un accidente que podría tener consecuencias desastrosas. Aun cuando el río no estaba crecido, también era muy arriesgado cruzar por estos caminos. Muchos de los senderos, la mayoría de las veces, son operados por contrabandistas o narcotraficantes, quienes tienen el control de la zona. Es por eso por lo que el peligro de violaciones, robos y, en algunos casos de muerte siempre está latente en las mentes de los que cruzan por estos caminos. Por tal razón, los que usan estos senderos para llegar al país vecino lo hacen en grupos. Cuando cruza un grupo, en lugar de una persona, el riesgo de ser víctima de la guerrilla que opera y controla la zona se minimiza.

De cualquier forma, el cruce por la trocha tiene su precio. Los malhechores que controlan el cruce por estos lugares exigen a cada viajero un pago para alcanzar tierra colombiana. Este precio va de acuerdo con lo que puede aportar el ciudadano que usa estos caminos, mientras más tiene el ciudadano que cruza estos senderos, más paga. Es por eso por lo que hay que viajar liviano y dando la impresión de que el que va a cruzar hacia el extranjero lo hace porque está necesitado (lo cual es una realidad) y sus pertenencias demuestran que no carga con mucho valor. De todas formas, el que controla la trocha se va a quedar con gran parte de lo que lleva el que cruza por el atajo.

Con estos conocimientos, y sin pensar en los riegos que tenía que enfrentar, la intrépida aventurera comenzó a planificar su próximo viaje. De nuevo tenía que llegar a Cúcuta y de ahí viajar en autobús hasta Bucaramanga, donde le esperaba su amiga. Una vez más, la chica contrató los servicios de un chofer, quien se encargaría de llevarla hasta la frontera para luego ayudarla a pasar por una de las trochas que cruzan el río Táchira. El chofer, siempre que viajaba a Cúcuta, lo hacía con varios pasajeros para que de esta manera le rindiera frutos. Haciendo por lo menos dos viajes por semana se aseguraba de que el esfuerzo y riesgo del viaje valía la pena. Él ya había hecho este recorrido durante varios años y tenía vasta experiencia en el camino. De manera que el experimentado chofer sabía todos los trucos para cruzar de un lado a otro y de esta manera minimizar los contratiempos que pudieran surgir en la ruta. Antes de salir de Venezuela, el conductor contactaba a sus clientes para informarles sobre lo que debían de esperar en el viaje. Una de las cosas que él enfatizaba a sus clientes era que viajaran con poco equipaje, porque de cualquier manera este le iba a ser confiscado por la guerrilla que controlaban la trocha.

Esta vez, aunque fue sumamente difícil, la benefactora hija se despidió de sus padres. Con lágrimas en los ojos, después de decir adiós a sus progenitores, la mujer se retiró a esperar la llamada del chofer que pasaría a recorrerla para el largo viaje hasta Cúcuta. La llamada llegó a eso de las dos de la madrugada y el vehículo se detuvo frente a la residencia de la impaciente mujer, quien era la última de las pasajeras que viajaba a Cúcuta, alrededor de las 2:30 a.m. para hacer el largo recorrido hasta la frontera con Colombia.

Durante el viaje no hubo mayor conversación de los pasajeros y casi todo el camino se hizo en silencio. Parecería que aquellos viajeros se dirigían a un funeral, y no era para menos: el viaje era hacia un mundo lleno de interrogantes donde ponían su suerte a prueba... En esta aventura estaba en juego sus futuros y sus vidas.

El nuevo amanecer sorprendió al conductor y a sus acompañantes llegando a Cúcuta y el nuevo día trajo confianza y esperanzas para todos. Hacía algunos días que no llovía en la zona, y el río Táchira, por la parte donde habría que cruzar, estaba completamente seco. Fue muy fácil para el chofer guiar su vehículo por la trocha, la cual era un río de piedrecitas sueltas, las cuales resultaron ser muy buena tracción para las gomas del vehículo. Cruzar del lado de Venezuela para llegar a Colombia iba a ser todo un deleite.

Sin embargo, en medio del camino, los desafortunados pasajeros se encontraron con un escollo. Cinco hombres muy bien armados con armas largas de la milicia que operaba en el área detuvieron y revisaron cada bulto que llevaban los pasajeros. Como no encontraron mayor valor en las bolsas, los "guardias" exigieron dinero en efectivo a los viajeros (esto incluía al chofer). La cantidad que recaudaron los delincuentes fue ínfima, pero, sin embargo, era significante para los pasajeros quienes apenas viajaban con una cantidad limitada de dinero, la cual significaba una riqueza para cada uno de ellos. Sin más incidentes, el chofer cruzó su vehículo y se dirigió a un restaurante, el cual estaba muy cerca a la parada de autobuses.

Mairy desayunó con un café y unas tostadas y luego se dirigió hacia el terminal de vehículos para comprar su boleto a Bucaramanga y esperar pacientemente la salida del autobús. Después de una hora y media, la viajera pudo abordar el vehículo sin ningún incidente. Ahora tocaba "disfrutar" el largo trayecto de unas nueve horas para llegar a su destino final de Bucaramanga. El viaje fue algo tedioso y la cansada viajera, entre parada y parada, logró dormir un poco en espera a llegar a su destino. Cuando finalmente llegó ya estaba oscureciendo, y por lo arriesgado que era caminar por áreas desconocidas decidió tomar un taxi, el cual en veinte minutos la dejo a la puerta de donde vivía su amiga. Esta la recibió con entusiasmo, y después de una corta charla y algo de cenar, la muchacha fue a la "cama" en una colchoneta que le había preparado su amiga. Aunque todavía era temprano, la cabimense estaba cansada y quería madrugar para comenzar a buscar empleo temprano en la mañana.

Mairy entró ilegal al país colombiano y su pasaporte no fue sellado en la frontera. El gobierno colombiano, sin embargo, siendo solidario con los venezolanos y sus dificultades, no era muy exigente y había relajado las leyes para estos inmigrantes. En muy pocos sitios se exigía al ciudadano venezolano el pasaporte, y casi cualquier otra identificación era aceptada en la mayoría de los lugares o como exigencia para trabajar. Esta norma no escrita le favorecía a los nuevos venezolanos que llegaban al país y querían trabajar o cuando se les exigía una identificación.

Muy temprano en la mañana, después de tomar un café, la esperanzada mujer salió a la calle donde le esperaba la nueva aventura de buscar y asegurar un empleo. Tuvo que caminar mucho, en un día lluvioso, yendo de puerta en puerta, ofreciendo sus servicios, pero lamentablemente la competencia de personas buscando empleo era feroz. Sin embargo, ella no se desanimó, y al filo de las tres de la tarde entró en un restaurante, y afortunadamente estaban necesitados de un ayudante de cocina. Después de una entrevista con el dueño del establecimiento, este quedó impresionado por los conocimientos de la venezolana en la cocina, y le ofreció el puesto de ayudante de cocinero. Ese mismo día la afortunada mujer quedó trabajando en su nuevo empleo.

El salario no era grandioso, pero al menos era un empleo fijo y tenía comida gratis, lo cual significaba que podía ahorrarse unos pesitos que le servirían para otras necesidades. Por lo general, a los extranjeros en el hermano pueblo se les paga menos que al lugareño, y este era el caso de Mairy. El salario mínimo en el país es de un millón de pesos colombianos (253 dólares americanos). Sin embargo, esto aplica a ciudadanos colombianos únicamente. Los extranjeros no son medidos con la misma vara, y esto se presta para que muchos patronos exploten al extranjero. La necesidad de trabajar lleva al inmigrante a aceptar empleos que pagan muy por debajo del salario mínimo. Pero, por ahora, esto era lo que había y la venturosa mujer estaba agradecida de poder trabajar.

A Mairy le iba muy bien en el empleo y su jefe estaba muy a gusto con la labor que esta desempeñaba. En dos semanas, con mucho sacrificio, la nueva empleada pudo mudarse a una habitación y de esta manera independizarse y comenzar a desarrollarse y hacer su futuro en la patria que le dio la bienvenida. Muy pronto la ayudante de cocina pudo comprarse una colchoneta y algunas cosas más para el nuevo hogar que, con el toque femenino se transformaba en un lugar acogedor. Aunque no era un domicilio lujoso, se convirtió en un agradable espacio para descansar durante las pocas horas de ocio que tenía la afortunada venezolana. Mairy estaba agradecida de haber podido independizarse y, a la misma vez, se sentía muy a gusto en su nueva morada. No era mucho lo que había logrado en tan poco tiempo y bajo circunstancias tan adversas, pero era un comienzo y con mucho esfuerzo y sacrificio pensaba que algún día lograría tener su propio negocio, como una vez lo tuvo en su país.

Aunque la laboriosa mujer enfrentaba varios inconvenientes en su nueva vida, con fuerza y determinación pudo lidiar con ellos. Ella era fuerte y decidida, y pocas cosas le infundían miedo. Sin embargo, sufría mucho porque extrañaba demasiado a su familia, especialmente a su mamá, quien no andaba muy bien de salud. Pero ella pensaba que el sacrificio era necesario por el bien de todos y tenía que aguantarse y seguir luchando para poder salir adelante. Además, algún día ella pensaba que podría regresar de nuevo a casa y estar junto a sus seres queridos.

La vida siguió su curso y el tiempo paso muy rápido; en un abrir y cerrar de ojos, ya habían transcurrido tres meses desde que Mairy había llegado a Bucaramanga. Aunque trabajaba mucho, se sentía muy a gusto en su empleo y su jefe y demás empleados estaban muy contentos con la labor que esta realizaba y con ella como persona. Todo marchaba muy bien para la nueva empleada y su futuro era alentador. Al parecer la vida había tomado un giro venturoso para la venezolana, y esta aprovechaba todas las oportunidades que le surgían para mejorar y sembrar raíces en lo que pasó a ser su nuevo hogar.

Lamentablemente, un día Mairy recibió una triste noticia en su trabajo. Su madre se encontraba muy enferma en Venezuela y al parecer estaba sufriendo mucho con molestias en su débil corazón. La afligida hija, como era de esperarse, se angustió mucho con la enfermedad de su madre y se desesperó porque quería ir a ver a su mamita, pero no tenía los recursos. Afortunadamente, y como premio a una labor excelente en su trabajo, su jefe le regaló el pasaje en avión para que fuera de inmediato a ver a su madre. Este también le permitió ausentarse de su trabajo todo el tiempo que fuera necesario hasta que la situación con su madre mejorara. En el restaurante sus compañeros le recogieron un dinerito, el cual le fue muy útil para su viaje a Venezuela. Dentro de las circunstancias difíciles que estaba enfrentando la empleada hubo un rayo de luz; para esa época ya el gobierno de Venezuela había abierto la frontera con Colombia y el viaje por avión se pudo dar sin mayores contratiempos.

Capítulo 7
Un corazón débil

El viaje de regreso a casa fue uno muy difícil para Mairy. Por el camino no paró de llorar y el corto viaje se le hizo una eternidad. Cuando al fin llegó a suelo venezolano, al pensar que ya estaba muy cerca de su madre, sintió que un bálsamo de paz se apoderaba de todo su cuerpo. Aunque la preocupación no dejo de causarle molestias en su estómago, pudo sentir algo de alivio; sin embargo, le agobiaba un mal presentimiento que se apoderó de ella desde que recibió la noticia de la enfermedad de su madre.

El viaje en autobús desde el Aeropuerto Internacional La Chinita, de una distancia de 51 kilómetros, tardó poco menos de una hora. Al llegar donde se encontraba su mamá, la preocupada hija vio que la misma era atendida por algunos de los familiares más allegados. Demás está decirse que la noticia de que la "niña de la casa" había llegado tomó a todos por sorpresa, especialmente a su madre, y por unos momentos el ambiente fue de júbilo y celebración. Aunque había preocupación por el débil estado en que se encontraba el corazón de la matriarca del hogar, la familia no puedo evitar explotar en una especie de éxtasis colectivo donde todos manifestaban la alegría de darle la bienvenida a la hija recién llegada. Hubo llantos de alegría y parecía que la familia se había reunido a celebrar un gran acontecimiento. Para Mairy el encontrar a su madre tan animada y en un ambiente festivo le alegró mucho y le devolvió su ánimo y su fuerza. Después de muchos besos y abrazos comenzaron las interminables preguntas y respuestas de un lado y de otro. En poco tiempo todo había retornado a la normalidad y parecía que la hija extraviada nunca se había ausentado. Mientras todo esto ocurría, una sobrina de Mairy preparó un té de hierbas para dárselo a la enferma y así evitar cualquier molestia que le ocasionara a su débil corazón la excitación de una tan agradable sorpresa.

Esa noche todos, muy cansados, se retiraron a descansar temprano para dar oportunidad a que la delicada mujer se recuperara de la sorpresa y diera un descanso a su débil corazón, el cual ya no resistía tanta exaltación. La abnegada hija no quiso separarse de su madre, e improvisó una segunda cama con una colchoneta junto a su madre para poder acompañarla esa noche.

Aunque madre e hija tuvieron una noche tranquila, por lo agitado de la llegada de Mairy, a ambas les fue difícil conciliar el sueño. A la mañana siguiente la madre se quejó de dolor de cabeza y la hija le tomó la presión y se alarmó cuando vio que el tensiómetro tenía una lectura de ciento cuarenta y uno sobre noventa y tres. De inmediato, la preocupada hija llamó a un taxi para llevar a su madre al hospital del municipio, el cual estaba muy cercano a su casa. Veinte minutos más tarde, cuando la acongojada enferma ya se encontraba en la clínica, su presión arterial había subido aún más. De inmediato la pasaron a una sala de emergencia, donde le aplicaron soluciones intravenosas y medicamentos para bajarle y controlar la alta presión. Se tomó varias horas, pero al final la presión de la enferma volvía a la normalidad. Sin embargo, esta quedó hospitalizada y en observación por veinticuatro horas mientras su débil corazón volvía a la normalidad.

Dos días después de que Mairy había ingresado a su madre en el hospital, la enferma era dada de alta y ya podía regresar a su hogar con una presión normal de ciento veintidós sobre ochenta y tres. Ahora a la paciente le tocaba reposo, tomar sus medicamentos, ejercicios diarios, evitar ciertos alimentos dañinos a la salud y el monitoreo constante de su presión arterial. Estos eran muchos requisitos, y la enferma se quejó porque sus actividades rutinarias ahora serían sumamente limitadas. La hija trató de razonar con su obstinada madre, asegurándole que era por su propio bien y en beneficio de su salud. Aun así, la noble anciana puso resistencia y le aseguró a su hija que de ninguna manera iba a renunciar el placer de una tacita de café cada día. Era evidente que la señora no iba a desistir a la cafeína. Al final, la hija pudo acordar con su madre para que esta tomara una taza de café en la mañana y media tacita del preciado líquido en la tarde. Esto reducía a la mitad las tres tazas del preciado líquido que la paciente acostumbraba a tomar cada día. Por un lado, la madre tenía que seguir las indicaciones del médico, pero, por otro lado, la hija no podía poner mucha presión a un débil corazón. Para evitar malestares en la vida de su progenitora, la hija tuvo que ceder un poco y llegar a un acuerdo con su mamita, quien, era evidente, no iba a renunciar a la cafeína de ninguna manera. Sin embargo, la astuta hija le bajó la cantidad de cafeína a la mitad cuando le preparaba su cafecito diario.

Pasaron varios días, y aunque las cosas no empeoraban en la salud de su madre, Mairy seguía preocupada por el giro que estas podrían tomar. La hija sabía que el corazón de su progenitora no daba indicios de mejorías y tarde o temprano su madre podría tener un revés. Aun así, ella tenía que trabajar para ganarse su sustento. Esto implicaba que tenía que ausentarse a buscar empleo y dejaría a su madre sola, confiando en que esta seguiría al pie de la letra las órdenes del médico para mantener una presión arterial controlada y un corazón sano. Mairy trabajaba en lo que podía, pero la situación en Venezuela empeoraba cada vez más y el empleo en su país era casi inexistente.

Una vez más, la ávida mujer tomó la difícil decisión de abandonar el país. Esto la hacía sentirse culpable, pues estaba muy consciente de que abandonaba a su madre enferma cuando más esta la necesitaba. No obstante, su progenitora estaba muy necesitada de medicinas y alimentos, y estos se los podía proveer únicamente desde el exterior, ya que la situación en su país no le permitía trabajar y ganar el dinero que necesitaba para las necesidades de su madre. Una vez más, Mairy comenzó a planificar su salida de Venezuela rumbo a lo que fue por unos meses su hogar adoptivo: Bucaramanga. Llamó a su antiguo chofer para que le programara el viaje y le ayudara a cruzar la frontera y este acordó con su pasajera día y hora.

Una vez más, la entrada a Colombia tenía que hacerse a través de una trocha debido a que el gobierno venezolano, de nuevo, había cerrado la frontera con Colombia. Sin embargo, cuando todo estaba listo para el viaje a la frontera, su mamá comenzaba a desmejorar y la hija no quiso dejar a su madre bajo condiciones tan dudosas. La decisión no era fácil. Por un lado, Mairy tenía la obligación de viajar al extranjero para buscar empleo y así poder proveer a su progenitora la protección necesaria para su salud y bienestar. Por otro lado, la hija no podía dejar a su madre desprovista de sus atenciones y cuidos. Fue así como Mairy tomó la dura decisión de suspender su viaje por tiempo indefinido para cuidar a su madre con la esperanza de que pronto mejoraría y de esta manera poder viajar a Colombia para trabajar y cumplir con las obligaciones en su país.

La venerada hija tuvo que dar marcha atrás nuevamente, hacer de tripas corazón e integrarse otra vez a la faena de laborar en los pocos empleos que había disponibles. Lamentablemente, no había muchas fuentes de empleo y la situación era cada vez más precaria. A medida que pasaba el tiempo, el país se sumía cada vez más en la miseria y el abandono. Pero, de alguna manera, la valerosa ingeniera se las inventaba para salir adelante y conseguir alimentos y medicinas para que su mamá pudiera lidiar con la situación que estaba atravesando. Los alimentos escaseaban cada día más, pero de una forma u otra siempre aparecía lo necesario para no pasar hambre. Las filas para comprar lo básico en el mercado eran interminables y había que estar preparado para pasar largas horas esperando a ser servido. Desafortunadamente, había diferentes mercados que vendían diversos artículos (si los tenían). En cada mercado había que repetir la misma historia: esperar largas horas en una fila con la esperanza de que al final se pudiera conseguir el artículo deseado. La paciencia y la tolerancia tenían que estar presentes en cada momento, pero ya el pueblo se iba acostumbrando a estos atropellos.

Para conseguir las medicinas necesarias, la historia era distinta. Simplemente, no había medicinas en el país o eran muy pocas las que se podían conseguir. Por lo general, la medicina que era recetada por el médico no se podía conseguir en el país. Afortunadamente, Mairy podía comprar medicinas para su madre en Colombia a través de su amiga u otras amistades. En el vecino país las medicinas que prescribía el médico casi siempre estaban disponibles y siempre había alguna forma de poderlas enviar al país venezolano, aunque esto por lo general tardaba mucho. La compasiva hija, sin embargo, nunca dejo que la falta de alimentos o medicinas fueran un impedimento para la buena salud de su madre.

A los tres días de Mairy haber suspendido el viaje a Bucaramanga, la salud de su madre empeoró y de nuevo tuvo que llevarla al médico de emergencia. En consulta con el galeno, la preocupada hija fue informada de lo delicado que estaba el corazón de su madre. El joven médico le dijo a la intranquila hija que él había hecho todo lo humanamente posible por mantener el corazón de su madre trabajando a un ritmo razonable y a la par con la edad de la paciente. Sin embargo, el cansado corazón respondía muy pobre a las exigencias requeridas para un funcionamiento más o menos normal y corría el peligro de no seguir funcionando, a menos que se tomara un camino alterno. Cuando la angustiada mujer preguntó al galeno cuál era ese camino alterno este sugirió un marcapasos como la última alternativa viable para prolongar la vida de su progenitora por unos años más. Cuando Mairy inquirió sobre los costos de tal operación, de la manera más piadosa, humana y compasiva posible, el doctor dio detalles a la nerviosa hija, y esta, con ojos aguados, dio las gracias al médico.

Tan pronto la preocupada hija salió con su madre del consultorio del galeno, se le oscureció la visión y sintió que el mundo se le venía abajo. No tenía ninguna idea de dónde iba a sacar una cantidad tan exorbitante de dinero para pagar por la operación y el tratamiento de su madre. Pero aun así sabía que algo tenía que hacer, no podía dejar morir a su mamita sin dar la batalla. Cuando llegó a su casa y dejó descansando a su madre, llamó a sus hermanos, tíos, primos, amigos, vecinos y a todo ser humano que habitaba la tierra y del cual ella tenía conocimiento. Pidió ayuda monetaria al que pudiera contribuir de esta forma. A otros que no podían contribuir con la ayuda en efectivo, suplicó la cooperación de estos mediante una recolección de ayuda en calles, negocios, casas, plazas, vías de tránsito y por todos los rincones donde era posible recoger el más mínimo bolívar.

Ese mismo día un batallón de personas comenzó a recoger dinero para la noble causa. Todos los días llegaba dinero a Mairy de diferentes lugares del país y del exterior. Ella no perdía ni un minuto y la cantidad de dinero era contada y contabilizada diariamente. La dinámica hija no paraba un minuto de solicitar ayuda diaria de más personas, y la cadena humana de amigos y familiares que pedían ayuda siguió creciendo. Muy pronto, Mairy tuvo la seguridad de que la operación de su progenitora iba a ser posible. Fue por eso por lo que la dispuesta hija comenzó a indagar sobre lugares y precios donde podía conseguir un marcapasos para la operación de su madre. De esta manera, Mairy se informó de muchos lugares y precios donde se ofrecía el aparato que iba a salvar a su mamita. En poco tiempo, un familiar que vivía en Bogotá, Colombia, gestionó la compra y el envío de un marcapasos, el cual tenía las especificaciones y requisitos que exigía el médico a cargo de la cirugía.

La operación se pactó para tres días después de la compra del artefacto y este se envió directamente al hospital donde se haría la incisión. El marcapasos llegó al lugar indicado a tiempo para hacer la operación, y esta se llevó a cabo sin mayores complicaciones. Aunque el médico le había explicado a la llorosa hija que la operación era una muy simple, este también le dijo que todas las operaciones tienen posibilidades de riesgos porque puede haber complicaciones. Sin embargo, al final de la operación, la cual duró muy poco tiempo, fue catalogada por el médico como muy exitosa. El cirujano estuvo muy complacido con los resultados de la operación, pero más satisfecha estuvo Mairy, quien agradeció al médico por su trabajo y elevó una plegaria al Todopoderoso por haber intervenido y dirigido al cirujano durante la cirugía de su madre.

En un par de días después de la operación, madre e hija pudieron regresar a casa, y ambas estaban muy contentas con el nuevo aparato mecánico, el cual funcionaba de maravillas. Mairy estaba muy contenta con el regalo de vida que había podido darle a su madre, y esta a su vez disfrutaba su cacharro y una nueva vida libre de complicaciones. Así transcurrían los días, y madre e hija disfrutaban mutuamente largas horas de ocio conversando debajo de un árbol frutal en el patio de una de las casas. Unas veces las tertulias eran en el patio de la casa de la amada hija, y otras veces eran en el de su madre. Estas reuniones usualmente se daban en las tardes después de que Mairy regresaba a la casa. La laboriosa mujer se pasaba todo el día haciendo trabajos de todo tipo (cuando aparecían) para poder mantener las cosas del hogar en orden.

Después de dos largos meses, durante los cuales la preocupada hija había trabajado en una variedad de empleos, de nuevo comenzó a sentir la necesidad de cambiar de escenario para ver si podía mejorar su situación económica. Su mamá estaba bien de salud y el marcapasos hacía muy bien su función, de manera que esto ponía a la impaciente hija en una mejor posición de abandonar el país en busca de una vida mejor. Fue así como Mairy, una vez más, empezó a planificar su viaje a Bucaramanga. Por ahora no quería incomodar a su madre, por eso no planeaba decírselo hasta el final.

Cuando llegó el momento de su partida, Mairy se vio obligada a darle la mala noticia a su madre. Ambas mujeres estaban muy angustiosas por el alejamiento que causaría este viaje entre ellas. Aunque la noticia del viaje fue muy dolorosa para su progenitora, Mairy tuvo la sensación de que esta ya esperaba la triste "sorpresa". En efecto, su madre comprendía la situación que la hija estaba pasando en su país y sabía que lo más prudente era cambiar de ambiente en busca de una mejor vida. Aunque la madre sospechaba que ese día iba a llegar, la despedida no era menos dolorosa. Esa noche, ambas mujeres se abrazaron y se confundieron en un mar de lágrimas; mientras la madre iba a dormir a su casa, la hija se preparaba para esperar el vehículo que la conduciría en un largo viaje, camino una vez más, a cruzar el río Táchira para alcanzar al país hermano.

La llamada del chofer anunciando que ya estaba en camino a recoger a la atrevida viajera, llegó alrededor de las dos de la madrugada. Media hora más tarde, ya el vehículo se dirigía rumbo a la frontera con todos sus pasajeros a bordo. Como la vía estaba despejada en pocas horas, antes de que amaneciera, ya el auto había llegado a la frontera con Colombia y el conductor se disponía a cruzar por una de las trochas que estaba muy cerca del puente Simón Bolívar. Aunque unos días antes había llovido, no había mucha agua en el río, y el chofer se aventuró a ejecutar el cruce por las piedras mezcladas con agua. El vehículo rodó por encima de la "vía" sin ninguna complicación. Sin embargo, antes de haber cruzado la frontera, en el lado venezolano de esta, se dio la orden de detenerse al chofer por guerrillas que operaban en el área. Cuatro guerrilleros armados con armas largas exigieron el pago reglamentario (el mismo dependía de cuánto dinero llevaba el errante aventurero) a los pasajeros. Además, los guerrilleros revisaron las pertenencias de cada persona y algunas de estas se confiscaron. Por suerte, las pérdidas que ocasionaron los guerrilleros a los pasajeros fueron mínimas en esta ocasión.

Una hora después, luego de un ligero desayuno, Mairy y otros pasajeros se dirigieron hasta la parada de autobuses para comprar boletos y dirigirse a distintos lugares de la república. La aventurera cabimense, de nuevo, viajaba rumbo a Bucaramanga, donde le esperaban algunas amistades que ella había cultivado la última vez que vivió en el área. Estas le habían prometido apoyarla en esta nueva aventura.

Una hora más tarde, después de haber comprado el boleto, la mujer se dispuso a esperar por la hora de partida. Mientras esperaba, pensó que una vez subiera al autobús este se demoraría mucho en llegar a la primera parada y decidió ir al baño antes de abordar el mismo.

Sin embargo, la viajera no se había percatado que estaba siendo observada por maleantes que esperaban la oportunidad para atracarla. Cuando Mairy entró al baño, lo hizo sin la compañía de una de sus acompañantes, y este fue el momento propicio para que los maleantes realizaran su fechoría. Mientras la distraída mujer estaba sentada en el retrete, uno de los maleantes empujó la puerta con todas sus fuerzas y esta cedió golpeando a la viajera en la cabeza. Al parecer los malhechores eran novatos, y cuando escucharon los gritos de la asustada viajera huyeron despavoridos, cargando solamente con un monedero que la mujer tenía en una de sus manos. Los maleantes no tuvieron tiempo de causar mayor daño y la viajera pudo salvar sus paquetes de mano y una pequeña maleta donde guardaba sus pertenencias. El golpe en la cabeza resultó en una herida superficial, la cual la viajera lavó y limpió más tarde en el mismo baño cuando se atrevió a entrar a este, acompañada por varias viajeras.

El viaje era uno largo de muchas horas, y la andante viajera tomó un par de analgésicos para el dolor de cabeza. Tres horas más tarde, el autobús recorría la autopista 55 en dirección sur rumbo a Bucaramanga. El dolor de cabeza que le había causado el golpe en la nuca a la chica ya había cesado y la cabimense casi había olvidado el incidente que se lo ocasionó. El autobús reducía la velocidad y se preparaba para hacer la primera parada. Mairy pensó que sería una buena oportunidad para tomar un café y disfrutar del resto del viaje el cual parecía que a pesar de la forma como había comenzado, iba a ser uno muy placentero. Cinco horas más y ya la viajera habría llegado a su nuevo hogar.

Después de esa primera parada, el autobús hizo dos paradas más. En ambas, la mujer aprovechó para tomar café y reanimarse un poco. En la última parada la chica aprovechó para comer un bocadillo. Aunque después del incidente de Cúcuta Mairy había perdido el apetito, el viaje había sido largo y ella sabía que era meritorio consumir algún alimento antes de llegar a su destino. Sin tropiezos ni mayores incidentes, el vehículo hizo su entrada en la terminal de autobuses de Bucaramanga, Santander, Colombia, poco antes de las seis de la tarde. Mairy había llegado a su nueva morada. Habría que ver qué clase de futuro le esperaba a la aventurera viajera en este nuevo episodio.

Capítulo 8
En un país vecino

Como era temprano aún, la benefactora hija aprovechó para llamar a su madre desde la parada de autobuses y decirle que ya se encontraba en Bucaramanga sana y salva. Su mamita se alegró mucho de escuchar la voz de su querida hija y saber que ya había llegado a su destino final en Colombia. Esta le habló a Mairy sobre su salud y le dijo que, aunque se encontraba triste por su partida, estaba bien de salud. Madre e hija conversaron por un rato y se contaron, con lujo de detalles, las cosas que habían sucedido desde que se vieron por última vez. Después de la conversación, la cual se extendió por unos diez minutos, madre e hija se despidieron efusivamente. Sin embargo, antes de despedirse, Mairy prometió a su madre llamarla cada día. Si bien un poco cansada por el largo viaje, la tenaz viajera se sintió mejor después de haber hablado con su madrecita y se dispuso a tomar un taxi para ir al centro donde vivía su amiga.

El viaje hasta la calle donde se encontraba el apartamento de su amiga, quien le había ofrecido apoyarla tan pronto llegara a Colombia, duró unos quince minutos. Cuando llegó al casco de la ciudad, le pareció que todo estaba igual que como lo había dejado y nada había cambiado. Decenas de pequeños taxis "vestidos" de amarillo se movían por toda la ciudad compitiendo con un enjambre de motoras, las cuales arrojaban monóxido de carbono, contaminando a su paso la atmósfera y el espacio de los transeúntes y de cualquiera que formaba parte de esta locura colectiva. Los grandes camiones, por su parte, también contribuían a envenenar todo lo que se atravesaba en frente, siendo estos los más ingentes contaminantes del ambiente. La población, sin embargo, se movía de un lado para otro, ignorando los peligros que representaba cohabitar con estas máquinas asesinas. Mairy notó que la contaminación en Bucaramanga era mayor que la de su pueblo en Venezuela. Tal vez esto se debía a que el número de vehículos transitando por su poblado había disminuido desde que comenzó a escasear la gasolina en su país. Si esto era así, algo positivo había surgido del mal que producía la falta de combustible en su patria.

Al llegar al apartamento donde vivía su amiga, esta la recibió con un abrazo efusivo, el cual se prolongó por algunos segundos. Luego ambas amigas se sentaron a la mesa a comer un bocado que la anfitriona le había preparado a su amiga. Mientras comían, las dos conversaron por mucho tiempo. Mairy le platicaba de la situación actual en su país, mientras su amiga le contaba sobre los sucesos y hechos acontecidos desde que ella había estado alejada de la vecindad y que habían sido la comidilla del vecindario. Mairy pensó que al parecer las cosas no habían mejorado mucho en su ausencia.

Sin embargo, la situación para la recién llegada no era del todo desagradable. En un momento dado, la confiable amiga anunció a Mairy que comenzando desde el día siguiente podía contar con un empleo. En su ausencia, su casi hermana había hecho las gestiones para que su amiga comenzara a trabajar tan pronto llegara al país en un restaurante muy cercano a su casa, Mairy podía contar con un empleo de ayudante de cocina, el cual estaría disponible para que a la mañana siguiente ella comenzara a trabajar. Además, su amiga le había preparado un lugar en el apartamento para que esta se acomodara todo el tiempo que fuera necesario mientras ella gestionaba conseguir su propia residencia. De esta manera, la amiga venezolana comenzaba su nueva vida en el país anfitrión, sin mayores complicaciones, de una forma segura, con la esperanza de un mejor mañana.

Al siguiente día, la nueva inquilina se levantó muy temprano en la mañana para acudir a su empleo. Cuando llegó al lugar donde iba a trabajar encontró que, siendo muy temprano, el lugar apenas empezaba a operar y había solamente un cliente que comenzaba a desayunar. La nueva empleada fue recibida cordialmente por el dueño del establecimiento, quien le dio la bienvenida y la instruyó de sus tareas y responsabilidades. Como no había muchos clientes que atender en el restaurante, esto permitía que Mairy se relacionara con sus responsabilidades y el funcionamiento del negocio. Allí conoció a varios compañeros, quienes le dieron la bienvenida y la hicieron sentir a gusto en su nuevo empleo. De inmediato la ayudante comenzó a trabajar hombro con hombro al lado de sus compañeros, y estos fueron muy amables y paciente con la nueva empleada. Al final del día, aunque había sido uno difícil por lo inédito del oficio, Mairy se sintió satisfecha y agradecida de poder realizar una labor que le permitía entrar de lleno a una nueva etapa en su vida. Gracias a su amiga, la perseverante aventurera comenzaba con el pie derecho en esta nueva fase de su vida.

Con el pasar del tiempo, la venezolana fue adquiriendo conocimientos de sus labores y obligaciones en el nuevo empleo y su nueva vida comenzaba a ser menos difícil cada vez. Su jefe estaba muy a gusto con la empleada, al igual que sus compañeros, quienes la hacían sentir como en familia. De esta manera, Mairy comenzaba a levantarse de nuevo y por medio de su trabajo y esfuerzo pudo ayudar a su familia a la vez que comenzaba a visualizar un futuro más prometedor lleno de esperanza y grandes expectativas. Muy pronto, Mairy pudo alquilar una habitación cerca de su trabajo, y así fue como, en un abrir y cerrar de ojos, la emprendedora mujer pudo agradecer a su amiga por todo su apoyo y amparo a la vez que se cambiaba a su nueva residencia.

Su nuevo hogar no era muy amplio, y mucho menos lujoso; sin embargo, la ocupante se sentía muy a gusto sabiendo que estaba allí por medio de sus esfuerzos y sacrificio. La inquilina comenzó a cambiarle la fachada a la habitación poniendo su toque femenino, y muy pronto convirtió una simple habitación en una morada muy acogedora donde podía descansar a gusto y sentirse como dueña y señora del universo. La afortunada y avispada mujer sentía que por fin su vida estaba tomando un giro hacia un futuro más alentador y prometedor.

El tiempo pasaba muy rápido y Mairy pudo prosperar en el trabajo; ya comenzaba a salir a flote. Con su sueldo y esfuerzo podía ayudar a sus padres y a la misma vez alcanzaba a tener las cosas que eran necesarias para estar a gusto sin pasar necesidades en la vida. Ella sabía que era difícil alcanzar el estatus económico que una vez disfrutó en Venezuela, pero aquello era historia del pasado. Ahora le tocaba echar hacia adelante en un nuevo ambiente bajo unas reglas nuevas, y lo estaba logrando.

Mairy, teniendo amplios estudios de cocina y por la experiencia que adquiría día a día del funcionamiento de un negocio de comida, pensaba que, tal vez, en un futuro podría tener su propio restaurante. Ya la ambiciosa mujer se había enfocado hacia ese norte, y todo su esfuerzo iba dirigido hacia un mañana independiente, rodeada de actividades comerciales en las artes culinarias. Si las cosas seguían como iban, el futuro de la sagaz mujer estaba en la industria de la gastronomía.

Sin embargo, el destino se empeñó en jugarle una trastada a la hija ausente, y cuando sentía que su vida había mejorado y que ya estaba muy cerca de realizar su sueño, tuvo que hacer un alto para atender asuntos más apremiantes en su país. Después de un tiempo de la operación del corazón de su madre, su marcapasos tuvo que ser atendido un par de veces para que pudiera funcionar adecuadamente. No obstante, la salud de su progenitora se deterioraba cada vez más y mantenerla saludable se tornaba muy cuesta arriba. El médico no podía mantener saludable a la señora y su salud desmejoraba apresuradamente, casi saliéndose de control. Su situación era muy delicada y el doctor intentó hacer lo humanamente posible por conseguir que la paciente lograra mejorar. Pasaban los días y la paciente parecía que no iba a mejorar. El cuadro médico de la paciente empeoraba cada día más y más... Su situación, eventualmente, se tornó crítica.

Bajo estas circunstancias, muy preocupada por la salud de su madre, la hija decidió viajar a Venezuela porque "quería despedirse de su mamita". Al día siguiente, después de haber recibido la noticia de la gravedad de su madre, Mairy se dirigió a la frontera, donde cruzaría por el puente internacional Simón Bolívar. De allí iría a la ciudad de San Cristóbal para diligenciar la transportación que la llevaría a su pueblo de Cabimas. Tomando en consideración la distancia a recorrer y cambios de autobuses, a la venezolana viajera le tardaría alrededor de veinte horas llegar a su casa en Venezuela. El viaje era lo suficientemente largo para pensar y meditar sobre la situación por la cual estaba pasando su mamita. La angustiada muchacha tenía su mente llena de múltiples interrogantes y no tenía respuestas para ninguna de ellas. Sin saber cuál era la situación en que se encontraba su madre, y pensando que tal vez no le daría tiempo a llegar y despedirse de ella, la preocupada hija telefoneaba a uno de sus familiares cada media hora para indagar sobre su condición. No conforme con esto, enviaba y recibía textos a otros miembros de la familia cada cinco minutos. La angustia era insoportable, el pecho se le apretaba, la vista se le nublaba y a ratos se sentía desfallecer. Pero tenía que mantenerse en pie para soportar el interminable viaje y llegar a tiempo a despedirse de su mamita. Le horrorizaba pensar que podía llegar a su casa y no poder darle el último adiós a su madre.

Por fin, después de mucho sufrimiento, el interminable viaje llegó a su fin y la dolorida hija se armó de todas sus fuerzas para poder llegar donde su progenitora. Cuando esta la vio, apenas pudo reconocerla, pero aun así bajo su palidez, el brillo en su cara al ver a su hija la hizo resplandecer por un momento. Mairy, angustiosa y llorosa, se acercó a ella para besarla, abrazarla y pedirle perdón por haberla abandonado. Madre e hija, entre sollozos y cubiertas por un mar de lágrimas, se abrazaron por largo rato. La respiración de la madre era débil y la hija apenas podía sentir su aliento. Esto le quitaba fuerzas a la angustiada hija, quien apenas tenía energías para mantenerse en pie. Sin embargo, ambas sabían que esta era su última despedida y tenían que luchar hasta lo último para sentir esos postrimeros suspiros de vida. Ninguna de las dos quería separarse, pero después de mucho rato fueron gentilmente separadas por familiares y amigos cercanos que presenciaban la triste escena.

Mairy permaneció junto a su madre, cuidándola toda la noche hasta el momento final que le anunciaron que ya no había nada que hacer. Ella reusaba creerlo y no quería apartarse del cuerpo de su madre y tuvo que ser separada a la fuerza por familiares, con un dolor que le desgarraba el alma. Por tres días estuvo Mairy, sin apenas haber probado bocado, lamentando la pérdida de su mamita y sintiendo la culpa de haberla dejado sola cuando la necesitaba. Sin embargo, la realidad era distinta: mientras la hija estuvo ausente, pudo proporcionarle calidad de vida a la madre por medio de su trabajo, esfuerzo y sacrificio. Aun así, la hija no pudo o no quiso entender que el haberla ayudado desde la distancia fue el mejor regalo que le pudo hacer... Regalo y calidad de vida. Aunque físicamente no estuvo a su lado, Mairy nunca la abandonó.

En el funeral, la abnegada hija tuvo que ser ayudada por familiares para poder mantenerse en pie y despedirse de su amada madrecita. Junto a su padre, de quien la llorosa hija no quería despegarse, compartieron el dolor de sentir cómo una madre piadosa y una esposa benefactora se ausentaba y dejaba un espacio vacío en sus vidas, el cual nadie podría colmar. Padre e hija juntaron los dos corazones llorosos para consolar la irreparable pérdida y darle el último adiós a su amada. Padre e hija se encontraban impotentes por no poder o saber qué hacer y arropados por la angustia y el dolor que les cubría sus cuerpos. El doliente esposo lloraba con un llanto interno que le quemaba hasta lo más recóndito de su alma, mientras que la afligida hija dejaba correr un río de lágrimas por todo su entumecido cuerpo. Allí quedaron por largo tiempo, frente a una tumba que contenía los restos de un ser amado y entrañable cuyo recuerdo permanecería en sus corazones por toda una eternidad.

Después del funeral, Mairy regresó a su casa acompañada de su padre y otros familiares, quienes comenzaban con los preparativos del duelo de un ser muy amado. El doloroso proceso de aceptar la triste realidad de que un ser querido ya no iba a estar físicamente en sus vidas apenas comenzaba. Ahora el coraje, la ira, el dolor y el enojo se apoderaban de la angustiada hija, y el llanto era incontenible. La gama de emociones que cubría a la abatida hija le nublaban su visión y le apretaban el pecho. Su única válvula de escape era a través del llanto. Esto era bueno porque, las lágrimas aliviaban el alma y tranquilizaban un lánguido corazón, el cual parecía que se iba a desprender de sus arterias.

El proceso del duelo iba a ser duro y doloroso, pero la familia era grande y unida. Cada uno de ellos formaban los pilares que darían la fortaleza necesaria para soportar la punzante situación que les oprimía el alma. Nada ni nadie borraría el recuerdo sagrado de una madre benefactora, pero el tiempo se encargaría de aplacar el sufrimiento que había dejado una irreparable pérdida; el tiempo, su mejor y único aliado.

Aquí terminaba una etapa en la vida de la resignada ingeniera, quien vivió junto a su madre, siendo protectora, amiga y confidente de esta. Ahora, después de un largo y doloroso duelo, había que continuar haciendo frente a las adversidades que la vida tenía deparadas para la muchacha. La vida había traído mucho sufrimiento en la existencia de la mujer, pero ahora más que nunca había que seguir adelante con más ahínco, fe y esperanza. El final de este camino era el principio de una nueva etapa para la doliente y sufrida mujer.

Capítulo 9
Un nuevo comienzo

Luego de la muerte de su madre, Mairy estuvo en compañía de su familia y amigos por un tiempo razonable. Lo más sensato era estar rodeada por seres queridos para que de esta forma el proceso del duelo tomara su curso. La vida le había cambiado dramáticamente y ella no podía sola con la enorme carga que llevaba sobre sus hombros. Así fue como poco a poco se iba haciendo a la idea de que, físicamente, su madre ya no formaba parte de su vida terrenal. Aunque el lugar que su mamita tenía en su corazón siempre iba a estar ocupado con su recuerdo.

Habiendo aceptado ya la idea de la muerte de su madre, la hija tenía que seguir adelante con su vida y era tiempo para comenzar a planificar una nueva estrategia. Una vez más tenía que tomar una decisión y, tal vez, viajar al exterior para continuar con la vida comenzada en Colombia, la cual ella había suspendido para atender los asuntos de su madre. Aunque atrás quedaba su padre y el resto de la familia, ellos eran independientes y podían salir adelante bajo sus propios méritos.

No obstante, su padre le causaba cierta incertidumbre. Al quedar sin su esposa, quien lo acompaño por muchos años, de cierto modo, quedaba "huérfano" y desamparado. El pensamiento de que la hija debía de estar ahí, junto a su padre, en estos momentos de necesidad le apenaba y no le permitía pensar con claridad. Por unos días estuvo indecisa en el camino a seguir. La vacilante hija se encontraba frente a una encrucijada que no le permitía tomar una decisión sensata. Por un lado, su padre necesitaba de su presencia y su apoyo en estos momentos difíciles. Por el otro, sabía que ganarse la vida en su país iba a ser muy cuesta arriba y el sufrimiento, tanto de ella como el de su padre, iba a formar parte de su vida si permanencia en su patria. No había forma de quedarse en Venezuela con un futuro tan inseguro e impreciso.

Al final, la eterna viandante tomó la decisión de viajar de nuevo a Bucaramanga. Mairy pensó que su padre estaba rodeado de otros miembros de su familia y, aunque en la distancia, estaría junto a él y no lo dejaría solo; iba a estar muy pendiente de su padre.

Nuevamente, la aventurera mujer comenzaba a hacer los preparativos para abandonar el país. Esta vez haría el viaje en retroceso. Viajaría hasta San Cristóbal para poder cruzar a Cúcuta y de ahí transportarse a Bucaramanga. Después de informar a su padre sobre sus intenciones, se comunicó con familiares cercanos para trazar un plan en el cual cada semana su padre estaría bajo la supervisión de un familiar. De esta manera nunca estaría solo y tendría el cuidado de un allegado, con el cual podía contar para cualquier necesidad inmediata. Mairy, por su parte, contribuiría con ayuda económica y cuidado médico a tono con sus ingresos.

Después de dejar todos los asuntos de su padre organizados al siguiente día, temprano en la mañana, la adolorida hija comenzó su largo viaje al norte del país. El camino hasta llegar a San Cristóbal era muy largo y tedioso. Sin embargo, el recorrido daba tiempo para que Mairy empezara a organizarse mentalmente y comenzara de lleno a producir una vez se estableciera en Bucaramanga. Había pasado mucho tiempo y su empleo en la ciudad ya no iba a estar disponible para ella. De manera que en el largo recorrido hacia la frontera comenzó a pensar en una estrategia para trabajar de manera independiente. Si le era posible, comenzaría a desarrollar su propio negocio. Ella tenía muchas amistades y conocía muy bien la ciudad. Esto le ayudaría bastante en el proyecto que mentalmente estaba cuajando. Mucho tiempo del que estuvo viajando, camino a la parada de autobuses de

San Cristóbal, lo dedicó a especular en cómo hacer para tener su dependencia y a la misma vez un empleo seguro. No obstante, durante el viaje, el recuerdo de su fallecida madre y la soledad en que quedaba su angustiado padre continuaron ocupando gran parte de su tiempo. El dolor que sentía por la partida de su madre, a ratos, le robaba sus pensamientos y le era difícil concentrar ideas para el nuevo oficio que tenía en mente comenzar en Bucaramanga. Sin embargo, el interminable viaje estaba por acabar y tenía que concentrar sus esfuerzos en el camino a seguir para poder cruzar la frontera al cercano país.

Fue así como, después de un largo recorrido, Mairy había llegado a su primer destino a la ciudad de San Cristóbal, próxima al límite con Colombia. La frontera con el vecino país estaba abierta y la andante mujer pudo cruzar sin mayores inconvenientes. Aunque ya Mairy había cruzado al vecino país, debido a problemas de logística por causa de la pandemia del COVID-19, la viajera no pudo sellar su pasaporte. Sin embargo, el único inconveniente que esto le causaba a la incansable mujer era que más adelante, cuando le fuera posible, tenía la obligación de hacer un viaje especial desde Bucaramanga hasta la frontera solamente para sellar su pasaporte. Mairy tuvo la opción de esperar largas horas para estampar su pasaporte ese mismo día; sin embargo, ella optó por continuar su viaje y regresar más adelante para cumplir con el requisito de sellar. Se encontraba muy cansada por el largo viaje y mentalmente estaba drenada. Ahora era importante llegar a su destino y tomarse un largo y merecido descanso.

De todos modos, el pasaporte, aunque le faltaba el sello de entrada al país vecino, le servía como una identificación oficial. Su licencia de conducir en Venezuela también era un documento oficial, el cual servía para identificarla legalmente en el país anfitrión. Más adelante habría tiempo para atender asuntos protocolares de sus documentos, ahora tenía que continuar su marcha.

El viaje al centro de Bucaramanga fue uno sin incidentes y muy cómodo, pero a Mairy, por su cansancio y deseos de llegar a su domicilio, se le hizo eterno. Sin embargo, la mujer sabía que tendría un lugar donde reposar al final de su recorrido, y esto la confortaba. Por suerte, unos días antes de salir de Bucaramanga para Venezuela, la mujer había arreglado el asunto del pago del alquiler de su habitación y esta, ahora que ella regresaba, estaba disponible. Esto fue de gran ayuda para la cansada viajera, quien necesitaba reponer sus energías y recuperarse antes de entrar de lleno a su antigua rutina del diario trajín. La venezolana viajera había comido unos bocadillos y tomado café durante el viaje. De manera que, después de un duchado, se fue directo a la cama y pudo descansar por mucho tiempo. El cansancio finalmente había doblegado a la invencible heroína y la cama fue la cura para sus males.

Al día siguiente, temprano en la mañana, la inquilina fue a ver a su casera para pedirle un favor. Mairy quería comenzar su ocupación de vender comidas a empleados de negocios de la ciudad, pero no tenía un lugar donde preparar sus comidas. La recién llegada encontró a la dueña en su habitación, y luego de un saludo efusivo, las amigas charlaron un rato y al final la dueña le preguntó a Mairy que si se le ofrecía algo. Fue entonces cuando la emprendedora mujer aprovechó y le pudo hablar a esta del negocio que se proponía montar. El único inconveniente, le dijo Mairy, era la falta de un lugar donde preparar las comidas. De esta manera, la incansable empresaria pidió a su casera el uso de la cocina, que ambas compartían, para preparar sus alimentos, los cuales repartiría a sus clientes por el centro de la ciudad. A su casera le pareció bien la idea de Mairy; la inquilina había regresado y se encontraba bien a pesar de todos los golpes que había recibido durante los últimos días, de manera que era justo y necesario ayudar para que Mairy se levantara. Ella conocía muy bien sus necesidades y no tuvo objeción en que la nueva empresaria usara la cocina para comenzar su negocio.

Con esta gran noticia la mujer negociante comenzó a planificar y diseñar su negocio. Luego de terminar con la casera, la incansable mujer se fue a la cocina a prepararla y dejarla lista para el trabajo que iba a realizar en ella. Lavó las ollas y los sartenes y ordenó los anaqueles para poner los pocos trastos que conservaba. No descansó hasta dejar todo en orden y listo para comenzar su pequeña empresa. Una vez hubo ordenado la cocina, salió a la calle para comprar los comestibles que necesitaba y comenzar a elaborar las comidas que iban a ser distribuidas a futuros clientes. Después de regresar y guardar los comestibles en su lugar, comenzó a hacer llamadas a conocidos y amigos para ofrecer sus servicios. Así fue como pudo conseguir cinco clientes, quienes le ordenaron almuerzos para el día siguiente. No era mucho, pero era un comienzo.

A la mañana siguiente, la emprendedora muchacha se levantó muy temprano para cumplir con sus órdenes de almuerzos. Luego de elaborar sus alimentos, se dirigió a cada establecimiento para entregar las órdenes de comida. Una vez entregada la orden de comida, aprovechaba para tomar una nueva orden para el día siguiente. Como eran solamente cinco almuerzos y no le tomó mucho tiempo terminar su trabajo, aprovechó para caminar por el centro y ofrecer sus servicios a futuros clientes. Al terminar su caminata había conseguido tres nuevos clientes para almuerzos y un pedido para un bizcocho, el cual tenía que ser elaborado para el sábado, dos días más tarde.

Cada día Mairy repetía la misma historia: preparaba sus almuerzos para ser entregados y luego salía en busca de nuevos clientes. Camino a casa, paraba en el mercado para comprar los comestibles que necesitaba para la elaboración de los alimentos del próximo día. El tiempo que tenía libre lo dedicaba a tomar órdenes por teléfono y a contactar posibles nuevos compradores, productos de una cadena de números de teléfonos que había concretado, referidos por clientes satisfechos. La empresaria tenía buena sazón y ya comenzaba a regarse la voz de "los almuerzos de Mairy". De esta manera, el negocio de la chef crecía cada día, y muy pronto comenzó a rendirle frutos. Aunque el negocio no era muy lucrativo le alcanzaba para cubrir sus necesidades, y lo más importante era que trabajaba por su propia cuenta a la vez que ganaba más dinero que lo que pagaban la mayoría de los empleos que había en este tipo de oficio.

Pasó el tiempo y el negocio seguía creciendo y la pequeña cocinita no le alcanzaba a la empresaria para elaborar y completar todas sus comidas. La incansable mujer comenzó a programar para moverse a un lugar más amplio con una cocina más grande. Con algunos ahorros y la ayuda de amigos, la empresaria logró conseguir su propio apartamento, el cual tenía una cocina muy amplia que era ideal para sus actividades. Con el alquiler del nuevo apartamento Mairy se independizaba y ahora gozaba de la privacidad y la comodidad que no tenía antes en su anterior habitación. Como tenía más espacio en este nuevo lugar la empresaria pudo adquirir una pequeña nevera, una licuadora, un par de asientos y algunos otros tereques los cuales facilitarían el trabajo en su cocina.

En el nuevo apartamento, siendo más amplio y cómodo, Mairy pudo variar su menú y ofrecer otros sustentos que le daban variedad y prestigio a su profesión. Hornear galletitas dulces y bizcochos de encargo casi siempre formaban parte de la rutina de fin de semana de la chef, quien ahora podía exponer sus habilidades especiales en la cocina para endulzar el paladar de obreros e inquilinos del centro de la ciudad.

El negocio seguía creciendo, y por el volumen de trabajo, la ambiciosa empresaria tenía que trabajar largas horas del día y parte de la noche. Eventualmente, para poder lidiar con la situación del exceso de trabajo, Mairy tuvo que recurrir a una ayudante quien en ocasiones especiales le echaba una manita a la cocinera. La empresaria también obtuvo los servicios de un joven para que, en una motocicleta, le repartiera algunos de los almuerzos.

El progreso del negocio de la empresaria era palpable a medida que pasaba el tiempo: el comercio prosperaba y la situación económica de la mujer también mejoraba. Mairy no tenía lujos y tampoco le sobraba el dinero. Sin embargo, su situación económica le alcanzaba para cubrir sus necesidades básicas, ayudar a su padre y, en ocasiones, comprar algún antojito.

Ya había transcurrido un año desde que la andante mujer había regresado de Venezuela y su situación había mejorado notablemente. La venezolana estaba en alas de cumplir su sueño de poseer su propio restaurante y trabajaba muy duro para este propósito. Aunque había tenido sus reveses, mayormente por la situación política de Colombia, donde las huelgas de los obreros algunas veces le impedían trabajar, Mairy seguía prosperando y fija en su meta de destacarse en la industria de la gastronomía... Al parecer, lo iba a lograr.

El destino, sin embargo, tenía otro camino para los planes inmediatos y futuros de la mujer empresaria. A escasamente un año de la muerte de su madre, Mairy recibió la triste noticia de que su padre había fallecido. Ella no lo podía creer y sintió que su mundo se venía abajo. Ya no había nada que la muchacha podía hacer por su padre. Lo había ayudado, como le fue posible, después de la muerte de su madre. Siempre estuvo pendiente de él y contribuyó desde la distancia para que su padre viviera una vida sin mayores tropiezos y que tuviera la mejor calidad de vida que ella podía ofrecerle. Ahora, sin avisar, partía a reunirse con su amada esposa y dejaba a su querida niña muy lejos de casa, en un país extraño.

Aunque Mairy no podía darle a su padre su último adiós en vida, sentía que era su obligación y deseo llegar hasta su pueblo para despedirlo propiamente y dejarlo ir en paz a reunirse con su amada. La angustiada mujer llamó a sus familiares en Venezuela para informarles que llegaría para el funeral de su padre tan pronto le fuera posible. De manera que pedía a ellos que hicieran los arreglos pertinentes para que esperaran por su llegada antes de darle su adiós postrero.

En la mañana temprano, Mairy ya había cruzado la frontera y se encontraba en San Cristóbal, lista para viajar en autobús hasta Mérida. De ahí tomaría otro bus que la llevaría a Maracaibo y luego gestionaría la transportación (taxi) hasta su pueblo. Un largo y fastidioso viaje, pero eso era lo de menos. Lo más importante ahora era llegar y estar a tiempo en el funeral de su padre. La sentida mujer abordó el autobús temprano en la mañana con la esperanza de poder hacer una conexión en Mérida sin esperar mucho tiempo. Ella iba muy adolorida y con una tristeza inmensa que le recordaba su viaje de apenas un año cuando, con el corazón en la mano, hacía el mismo recorrido con la esperanza de despedir a su madre en vida. Ahora era diferente, tenía que despedir a su padre que estaba en un féretro. Sin embargo, el dolor que sentía no era menos intenso: diferente, pero agudo.

El recorrido dio tiempo a la viajera para meditar y pensar en todo lo que había ocurrido en un año. La vida le había cambiado y necesitaba las fuerzas para enfrentar esta y futuras situaciones que la arrinconaran como era el caso ahora. Hasta hoy había podido enfrentar las situaciones difíciles con algún éxito, pero se preguntaba cuántas catástrofes más podía resistir sin doblegarse. La suerte la había acompañado hasta ahora, y a pesar de los golpes recibidos, se consideraba afortunada. Aunque no entendía el porqué, confiaba que todo era un plan divino y Dios no la abandonaría. Con estos y otros pensamientos el viaje se hacía menos pesado, y de alguna manera el dolor en su corazón y la pesada carga que llevaba sobre sus hombros se hacían menos agudos.

Tarde esa noche la hija ausente hacia su aparición en el pueblo que la vio nacer. Se dirigió a la casa de familiares, para en la mañana, visitar la funeraria donde descansaban los restos de su señor padre. Por el cansancio y porque quería levantarse temprano en la mañana para visitar la funeraria, donde descansaban los restos de su querido padre, la conversación con familiares fue breve. Aunque, iba a ser difícil conciliar el sueño, después de tomar una ducha se fue a descansar. En la mañana temprano, sin haber podido dormir, en compañía de familiares, fue a ver a su papito por última vez. Con una fuerza sobrenatural, logró acercarse al ataúd para dar la despedida a su sagrado padre. Conversó mucho tiempo con su progenitor, sabiendo que él la escuchaba con atención. Le dijo que pronto iba a descansar y dentro de poco tiempo estaría en compañía de su amante esposa. "Cuando la veas", le dijo, "dile cuanto la quiero y la extraño". Le recordó que un día todos iban a tener un encuentro e iban a estar juntos para siempre. La llorosa hija dio instrucciones específicas a su papá para darle a su madre cuando tuvieran el celestial encuentro. Después de una larga plática con su amado padre, Mairy permaneció en la funeraria junto a su progenitor hasta que fue hora de cerrar la capilla. El próximo día el cuerpo de su señor padre sería sepultado junto a la tumba de su amantísima esposa.

Al día siguiente, ya en el cementerio, la agitación, la soledad y la desolación se apoderaron de la afligida hija, quien hacía todo lo humanamente posible por controlar su estabilidad. Despedía a su amado padre con un corazón en pedazos por el dolor y la tristeza que causó la súbita partida de su tata querido. Añadía a su dolor sentirse muy cercana a la fosa de su señora madre, quien había sido sepultada un año antes en circunstancias similares. Ahora ambos estarían muy cerca el uno del otro para descansar eternamente. Pero ella sabía que, tarde o temprano, de nuevo tendría que partir a tierras lejanas en busca de mejores oportunidades y dejaba atrás a los seres amados que le dieron vida y se sacrificaron por ella. Este pensamiento le turbaba su mente y hacía más difícil darle el último adiós a su venerado padre.

No obstante, cuando bajaron el ataúd con los restos del difunto, sintió un alivio en su corazón. Sabía que su admirado padre ahora descansaría en paz para siempre. Mejor aún, lo hacía junto a su adorada esposa, quien tanto lo cuidó por muchos años. Ahora ella seguiría cuidándolo por toda la eternidad. De alguna forma, este último pensamiento daba consuelo y paz a la hija, quien ahora podía ausentarse de sus padres; los dejaba en buena compañía el uno al lado del otro. Con la satisfacción de haber cumplido con ambos progenitores mientras estuvieron en vida, Mairy regresaba a la casa para comenzar el doloroso proceso de un duelo intenso que la drenaría y dejaría consumida en la angustia y soledad. Pero ella conocía el proceso, y aunque no más fácil, sería lenitivo. Después, cuando hubiera recuperado sus fuerzas y sus bríos, regresaría a su empleo para retomar de nuevo su vida que había sido suspendida por tan angustioso evento.

Pasaron cuatro largos días desde que Mairy dio el postrero adiós a su padre. Ya había dado el último toque a los asuntos legales de la muerte de su papá y todos los asuntos financieros estaban arreglados o en proceso de serlo. No había mucho que atara a la cabimense en su pueblo y tenía asuntos por atender en su lugar adoptivo de Bucaramanga. Ahora tocaba, de nuevo, hacer el largo viaje a la frontera para de ahí viajar a "casa", reinstalarse en su trabajo y retomar el camino que se había suspendido.

La incansable mujer había programado hacer el viaje para el siguiente día con los primeros rayos de sol. Quería llegar temprano a Bucaramanga y descansar antes de entregarse de lleno a sus labores, de manera que despertó muy de madrugada para comenzar el fastidioso viaje lo más temprano posible. El afán era por llegar a la parada de autobuses y poder abordar el primer bus hasta Mérida, y de esta manera lograr la conexión con el ómnibus para San Cristóbal lo más temprano posible. Así lo hizo, y llegó a la frontera con Táchira cuando ya casi estaba oscureciendo. Por suerte no tuvo mayores tropiezos en la frontera y muy pronto había cruzado para el lado colombiano. Ahora tocaba llegar a la parada de buses para tomar el vehículo que la llevaría hasta el destino final en Bucaramanga. Sin ningún incidente, a eso de las diez de la noche, Mairy ya había llegado a su destino en la parada de autobuses de la ciudad. Cinco minutos más tarde se encontraba en un taxi camino a casa.

Veinte minutos después, Mairy ya había llegado a su apartamento, y por el cansancio solo tuvo energías para darse un baño y echarse a la cama. A pesar del sufrimiento que le abatía y los malestares de su cuerpo, logró dormir algunas horas que de alguna forma subsanaron sus sufrimientos. Aunque había pensado quedarse a descansar ese día, se levantó temprano y comenzó sus labores que estuvieron paralizadas durante su ausencia. Empezó a contactar a sus clientes dejándoles saber que estaba de vuelta y ya al próximo día podían contar con sus alimentos como lo habían hecho antes de su viaje. De esta forma, la empresaria se integraba de nuevo a sus labores cotidianas.

En poco tiempo el negocio de la atrevida mujer ya había alcanzado el nivel de crecimiento que tenía previo a su viaje y las ganancias que tenía por la venta de alimentos le dejaba para cubrir gastos y necesidades que pudieran surgir. Con el dinero sobrante que tenía la empresaria, cada semana comenzó a comprar utensilios y enseres con miras a alquilar un local para comenzar su negocio separado de su apartamento. La situación siguió mejorando, y ya la empresaria estaba lista para comenzar su negocio independiente donde podría añadir más alimentos y otras chucherías que diversificarían y mejorarían el nuevo negocio.

A los tres meses después de haber regresado Mairy de su país, le fue posible comprar un pequeño escaparate y otros enseres que dieron confianza a la negociante para alquilar un local y aventurarse en su nuevo proyecto. Sin pensarlo dos veces, la venezolana alquiló un pequeño local, lo equipó con las pocas pertenencias que tenía y comenzó la operación del nuevo establecimiento. El restaurante comenzó bien y día a día se podía palpar su crecimiento. La empresaria no paraba de hacerle mejoras al pequeño negocio, y de esta manera siguió creciendo y mejorando la variedad de los alimentos que ofrecía a su selecta clientela a la vez que variaba las comidas para ofrecer un mejor servicio a sus consumidores.

En unos meses ya la energética mujer iba encaminada a cumplir sus sueños de integrarse a la gastronomía elegante del país. Al paso que iba, sería cuestión de tiempo para poder lograr su objetivo. Sin embargo, a veces los tiempos buenos son precedidos por tiempos borrascosos. Lamentablemente, este fue el caso en esta etapa de la vida de Mairy. Se juntaron varias situaciones que causaron un revés en el objetivo de la empresaria. En primer lugar, la situación del país era inestable por constantes huelgas y paralizaciones de empleados que obligaban a la empresaria a cerrar el negocio temporeramente. Otras veces, los tumultos por demostraciones de huelguistas daban miedo a la atrevida mujer, quien optaba por no a abrir su negocio por temor a que le causaran daño. En segundo lugar, la búsqueda de dinero del gobierno llevó a este a incrementar los arbitrios y patentes de los diferentes negocios. Estos aumentos "estrangulaban" a la negociante y bajo estas condiciones le era muy difícil operar su negocio. Por último, cuando el arrendatario de Mairy vio que el comercio de la empresaria prosperaba, le subió el alquiler del local, lo que le causó la estocada final a la comerciante.

Bajo estas condiciones, la empresaria se vio obligada a rescindir de su negocio y operar su cocina y oficio desde su apartamento, como lo hacía anteriormente. Aun así, la situación era cada día más grave para la mujer soñadora. Mairy comenzaba a creer seriamente que su sueño de ser dueña de un restaurante exitoso no le iba a ser posible en el país anfitrión bajo las condiciones adversas que percibía. Es aquí cuando la perspicaz mujer comienza a pensar seriamente dejar el país y viajar a Estados Unidos de América. Viajar a Estados Unidos no era un paseíto, claro está. Pero ella pensaba que si muchos lo habían intentado con éxito, ella también podría lograrlo si se lo proponía.

En poco menos de una semana Mairy se había informado, a través de algunas amigas, sobre cómo podía hacer el viaje a los Estados Unidos vía México. Ya varias de sus colegas habían hecho la travesía con éxito y les iba muy bien en el país norteño. Con la información que la visionaria mujer tenía en la mano, decidió hacer los preparativos para lanzarse a la peligrosa aventura. La atrevida mujer no pensó mucho en los riesgos que representaba una hazaña de esta envergadura. Sin embargo, tenía un impedimento mayor que había que superar: lo costoso de trasladarse a México bajo las condiciones que le imponían los organizadores del viaje ponían una traba a la temeraria mujer.

Capítulo 10
Por la ruta larga

Mairy solicitó ayuda a unas amigas para que la conectaran con una organización de traficantes de personas que operaban en la frontera de Estados Unidos con México. Esta red de "coyotes" tenía grandes alcances y conducía sus negocios a través de la internet. Tenían a una persona quien fungía como enlace y coordinaba los negocios entre los coyotes y sus clientes. Era la persona contacto, quien recibía los mensajes y los desembolsos de dinero por los servicios prestados por la red de traficantes a sus clientes. Los pagos se hacían a través de cancelaciones internacionales virtuales, las cuales eran recibidas por la coordinadora del grupo de traficantes. La organización era una muy poderosa con grandes tentáculos y un historial impecable de contrabandear personas al lado sur de la frontera mexicana con los Estados Unidos. El mayor obstáculo para la mujer aventurera, sin embargo, era el costo de su traslado al lado norte del río Bravo (río Grande). Por ser una organización "profesional" con posibilidades casi seguras de éxito, el costo del traslado y su ingreso en los Estados Unidos era exorbitante. Sin embargo, había que considerar a lo que se arriesgaba la valiente mujer, y el dinero que pagaría a los coyotes sería una buena inversión.

La incansable aventurera tenía ahorros que había estado guardando con miras a establecer su negocio de comida en Colombia. Pero ahora que veía imposible levantar un restaurante gourmet bajo las circunstancias que permeaban en el país anfitrión, y habiendo tomado la decisión de abandonar la república, usaría ese dinero para llevar a cabo su objetivo de llegar a los Estados Unidos de América.

Aunque los ahorros que tenía no eran suficientes para sufragar sus gastos, pediría ayuda financiera a familiares y amigos para completar la cantidad de dinero requerida para poder llegar a la frontera con México y los Estados Unidos.

Después de recibir la ayuda solicitada, Mairy se puso en contacto con su intermediaria, quien le gestionaría los detalles del viaje. La incansable mujer viajaría en avión hasta México y se pondría en manos de los coyotes responsables de su traslado a la frontera con los Estados Unidos. En teoría, aunque costoso, sería un viaje cómodo y sin complicaciones, ya que la viajera iba a México como turista. Como México no requería a los venezolanos una visa para viajar a su país, esto reducía los obstáculos para viajar al país hermano. Sin embargo, la inagotable viajera tenía una fecha límite para llegar a México. Para esta época se hizo popular entre los venezolanos viajar a México sin visa y de ahí cruzar la frontera a los Estados Unidos. Fue por esta razón que el país hermano decidió exigirles a los venezolanos visa para poder entrar a su país como "turistas". La fecha límite para poder entrar a México sin el requisito de una visa caducaba en seis días después de que Mairy se dispuso a viajar.

Para poder entrar a México sin una visa, la viajera mujer tenía que entrar al país antes del 21 de enero de 2022. Después de esta fecha, ningún venezolano podía entrar al país hermano sin el requisito de un pasaporte y una visa vigente. Conociendo esta información, Mairy, al igual que cientos de otros compatriotas, se apresuraron a viajar para llegar al país norteño antes del día 21 de enero de 2022, fecha límite para poder entrar al país con el pasaporte solamente, único documento requerido por las autoridades mexicanas hasta entonces. La situación para la nueva "turista", al igual que para sus compatriotas, se complicó aún más. Esto fue así porque las líneas aéreas que viajaban a México y sus rutas aumentaron sus tarifas excesivamente. En algunos casos, un pasaje aéreo que costaba doscientos cincuenta dólares, en menos de un día aumentó a mil quinientos dólares, ida solamente. Aun así, era difícil, casi imposible, hacer una reservación para viajar a México. Ante esta situación, nuevamente, Mairy se vio en la obligación de pedir dinero prestado a algunos amigos para tratar de reservar un viaje en una línea aérea y poder viajar al norte.

Viajar directo al país mexicano, ya fuera a la Ciudad de México, Cancún u otra ciudad principal del país, le fue imposible a la venezolana. Habría que viajar haciendo varias escalas a través de países cercanos a México. No obstante, esto representaba un costo adicional por el viaje y ponía a la emprendedora mujer en una situación precaria. Pero Mairy estaba dispuesta a viajar cualquiera que fuera el costo económico o de cualquier otra índole. De manera que la atrevida mujer continuó con sus planes de viajar al norte a pesar de que era un esfuerzo muy cuesta arriba. En combinación con María, quien era el contacto entre ella y la organización de coyotes encargados de ver que la viajera cruzara la frontera con los Estados Unidos sana y salva, Mairy trabajó hombro con hombro para asegurar el viaje a México. María conocía todos los recovecos de viajes que se daban a México y se dio a la tarea de asegurarle a su "invitada" el desplazamiento al país azteca. Durante varias horas, María hizo diversas llamadas a algunos de sus contactos tratando de completar el viaje de su clienta. Al final, la genio de los viajes y de los embelecos logró una ruta para que Mairy pudiera viajar a México.

La ruta para el viaje hasta el país hermano era larga, complicada y costosísima. Después de largas horas de negociaciones y llamadas a colegas y amigos, María había logrado trazarle un viaje a la osada aventurera a través de cuatro países vecinos, los cuales no exigían visas a pasajeros venezolanos en tránsito, para poder discurrirse a través de sus fronteras. Durante el recorrido el día se confundiría con la noche, y la noche con el día, y las horas esperando abordar un avión para continuar el difuso viaje serían interminables. El odioso, arriesgado y tedioso viaje comenzaba en Colombia, país donde la mujer venezolana había vivido y trabajado por algún tiempo. Desde su hogar en Bucaramanga, Mairy tenía que trasladarse al aeropuerto internacional de Bogotá en autobús para tomar su primer vuelo. Ahí le esperaba una larga espera, y después de este primer vuelo llegaría a Quito, Ecuador, para, de nuevo, esperar por un tercer vuelo que la llevaría a San Salvador, El Salvador. Después de una rigurosa espera, la viajera abordaría un vuelo con destino a la Ciudad de México. Si todo salía bien, Mairy tenía que tomar otro avión rumbo a la ciudad de Monterrey, México.

Durante cuatro días y sus respectivas noches, Mairy viviría una vida llena de expectaciones, angustias, esperanzas y ansiedades que apenas le dejaban unas horas para poder comer, dormir o descansar. El miedo y la desolación se apoderarían de ella y los trastornos psíquicos le provocarían alteraciones físicas al funcionamiento normal de su organismo. La lucha por mantenerse combatiente y alcanzar el objetivo trazado de poder llegar a su meta y de lograr cruzar la frontera que la llevaría a la libertad; sin embargo, le daba fuerzas para poder seguir adelante. Además, le daba tranquilidad saber que ella no estaba sola en esta pesadilla que le deparaba el destino. Había muchos que, como ella, viajaban hacia el mismo lugar en busca de una mejor vida. El gran número de emigrantes que buscaba un mismo objetivo, sobrevivir las perversidades que le había ofrecido el destino, le daba fuerzas y deseos a la aventurera mujer para seguir adelante.

Mairy había llegado a un punto donde no había vuelta atrás. La lucha ahora era por sobrevivir y salir airosa para poder vivir la vida que anhelaba y a la cual todos tenemos derecho. Aunque a la incansable viajera le habían prevenido sobre las adversidades que encontraría en el camino, ella se había asesorado muy bien con amistades que habían logrado desafiar las probabilidades que tenían de salir triunfantes, y en su gran mayoría todas ellas habían logrado hacer el viaje con éxito. Esto no le garantizaba a ella de que iba a salir airosa en su aventura, claro está, pero la balanza estaba inclinada a que saldría triunfante ante este gran desafío que tenía adelante. Por alguna razón Dios había puesto gente buena en su camino que le estaban ayudando a que esta aventura tuviera éxito y cambiara su vida para siempre. Ella ponía su vida y su futuro en manos de Dios y, de alguna manera, sabía que iba a salir adelante. El Omnipotente no le había fallado antes y sabía que ahora no iba a ser diferente.

Capítulo 11
Aeropuertos

El 15 de enero de 2022 Mairy se encontraba viajando en autobús desde Bucaramanga hacia Bogotá, Colombia. El objetivo principal de este viaje era llegar al Aeropuerto Internacional El Dorado para poder abordar un vuelo a la ciudad de Quito, Ecuador. Eran muchas horas de viaje por carretera, y aunque estaba un poco cansada, no lograba relajarse y descansar. La incertidumbre de lo que iba a pasar durante su largo recorrido, que comenzaba aquí, hasta los Estados Unidos de América la alteraban y le quitaban el sueño, y aunque sabía que era imperativo descansar, no podía lograrlo. Así pasaron muchas horas y el viaje se tornaba interminable y aburrido, sin nada que hacer o pensar en otra cosa que no fuera la incógnita de su largo viaje.

Después de haber recorrido muchos kilómetros, cuando Mairy estaba en un estado soñoliento, el autobús se estremeció y la cabeza de la pasajera fue a parar al asiento delante de ella. Afortunadamente, el golpe que recibió fue leve y no tuvo ningún daño aparente. Cuando la asustada mujer advirtió lo que había pasado, se dio cuenta de que el autobús estaba envuelto en un accidente. El vidrio delantero quedó agrietado y por el golpe le dificultaba la visión al conductor para continuar la marcha. Algunos pasajeros, sin embargo, temiendo llegar tarde al aeropuerto y perder sus vuelos, abrieron un hueco en medio del agrietado parabrisas para que el conductor pudiera ver y así continuar su viaje. De esta forma, aunque con dificultad, el chofer pudo continuar la marcha para poder llegar a tiempo a su destino. Asimismo, el accidentado vehículo pudo arribar al terminal de autobuses de Bogotá en unos cuarenta y cinco minutos. Sin más contratiempos, todos los pasajeros pudieron hacer los arreglos pertinentes y llegar al terminal del aeropuerto a tiempo y así poder cumplir con el protocolo de abordaje de sus respectivos vuelos sin ningún otro inconveniente.

Al llegar a Bogotá, Mairy tomó un taxi para llegar hasta el aeropuerto donde comenzaba su largo viaje, el cual incluía varios aeropuertos de diferentes países. Aunque su vuelo no salía hasta el próximo día 16 de enero, la pasajera decidió quedarse a esperar en el aeropuerto. Como no tenía donde dormir, buscó una esquinita en el terminal de la línea aérea Volaris para tratar de descansar algunas horas. Sin embargo, le fue difícil dormir por el frío que hacía y lo duro que estaba el suelo del edificio. Mairy no estaba preparada para la baja temperatura que había en la terminal de la línea aérea y solo viajaba con una mochila con otra muda de ropa y alguna indumentaria interior. María le advirtió que las autoridades en Estados Unidos le iban a incautar todas sus pertenecías y lo mejor sería viajar liviana. No tenía sentido viajar con prendas de ropas si no iba a poder usarlas y al final las iba a perder.

Por el frío y lo molesto, de dormir en un piso duro e incómodo, la atrevida viajera despertó en la mañana algo confusa y con dolencias musculares en partes de su cuerpo. Muy temprano se levantó de su "cama" para ir al baño a asearse y luego pasó por uno de los concesionarios del pasillo del terminal para comprar desayuno. La comida en estos pequeños negocios en los aeropuertos es muy costosa, por lo que la soñolienta mujer optó por un café solamente. Luego de terminar de tomarse su café pasó por la fuente de agua para tomar del preciado líquido y complementar su alimento. Después del desayuno tocaba esperar a la hora de la salida para abordar su avión que la llevaría a Quito, Ecuador, su primera escala. Sin nada que hacer mientras esperaba la salida de su vuelo al Ecuador, Mairy se dedicó a repasar el plan que le había diseñado María para llegar a su destino final en México. Una vez en la frontera, si lograba cruzar hacia los Estados Unidos, la aventurera mujer ya no tendría el apoyo y la ayuda de su mentora. Eran muchas las cosas que tenía que recordar y no podía darse el lujo de que algo fallara en el trayecto; podría ser el final de su viaje.

Después de esperar mucho tiempo, y ya satisfecha, creyendo que había memorizado todos los pormenores del plan a seguir, la mujer venezolana logró abordar su vuelo que le llevaría a la capital más antigua de Suramérica. Mairy dejaba atrás lo que hasta ahora había sido suelo seguro para zambullirse en la incertidumbre de tierras extrañas y desconocidas para ella.

La hora con cuarenta minutos que tardó el vuelo de Volaris para llegar al Aeropuerto Internacional Mariscal Sucre de Quito fue uno rápido y sin dificultades. La única complicación que tuvo la viajera en el corto viaje fue el miedo e inseguridad que habitaban en su mente, sabiendo que había comenzado a caminar en terrenos deleznables. Cuando se disponía a desembarcar del avión, se encomendó al Todopoderoso, pidió ayuda divina y sintió que su mente y su cuerpo comenzaban a relajarse. Dio gracias al Divino Creador por haber escuchado su suplica mientras daba aquel primer paso en una tierra que era tan diferente a la suya.

La viajera pasó por las autoridades de inmigración sin retrasos ni complicaciones y ahora se disponía a esperar para continuar su viaje y vencer el siguiente escollo de llegar al próximo país en el itinerario que se había trazado. De nuevo, Mairy se vio sin nada que hacer en aquel extraño lugar que le infundía desconfianza e inseguridad. Su siguiente vuelo a la ciudad que se encuentra al pie del volcán verde-azul, salía el próximo día a las diez de la mañana. La viajera encontró un lugar apartado en una esquina del terminal donde se dedicó a enviarle mensajes a amigos y familiares para decirles que había llegado bien a Quito y mantenerlos informados sobre su situación actual. Para ocupar su tiempo mientras esperaba al próximo día y poder continuar su viaje a El Salvador, la mujer recorría el terminal del aeropuerto de un lado para otro, tratando de familiarizarse con su medio ambiente. Fue así cómo conoció a varios viajeros, quienes estaban en la misma situación que ella; viajaban a México con la esperanza de poder alcanzar la frontera con los Estados Unidos. Con nuevos amigos, quienes le infundían seguridad, y sabiendo que no estaba sola en este difícil viaje a lo desconocido, Mairy pudo aflojar un poco y calmar sus nervios. Aunque nada había cambiado, la seguridad que le brindaba el grupo de nuevos amigos dio alegría y esperanza a la viajera.

Cuando llegó la noche y era hora de ir a la cama, los nuevos amigos se acomodaron en una esquina cercanos a la puerta por donde abordarían su vuelo a San Salvador y cada uno buscó la parte que les parecía la más cómoda del piso, para tratar de dormir algunas horas. La mayoría de los inmigrantes durmieron bien, sintiendo la seguridad que les ofrecía su familia viajera. Mairy no había dormido bien en algún tiempo, y sintiéndose segura con los nuevos amigos, pudo relajarse y dormir algunas horas. En la mañana, aunque adolorida por lo duro del suelo, se sintió más bulliciosa y lista para continuar con su viaje.

Después de asearse un poco, la incansable mujer fue por un café y luego pasó a reunirse con algunos de sus amigos para esperar la hora de partida hacia la próxima escala. Algunos de los inmigrantes les ofrecieron galletitas y otros víveres, los cuales les completaron el desayuno y ella, muy gentilmente, les agradeció sus nobles detalles y camaradería. Después del desayuno, para matar un poco de tiempo mientras esperaba para abordar su vuelo, la viajera envió varios mensajes a su cadena de amigos y familiares donde les informaba que hasta entonces todo marchaba bien y no había que preocuparse por nada, todo marchaba de acuerdo con el plan diseñando.

Antes del mediodía, los viajeros abordaron el avión que los llevaría a su próximo destino. En el viaje hacia el Aeropuerto Internacional San Óscar Arnulfo Romero y Galdámez ofrecieron a los pasajeros una merienda que sirvió de almuerzo a Mairy y a sus colegas viajeros. Después del pequeño almuerzo, sintiéndose más relajada por la seguridad que le ofrecían sus nuevos amigos y satisfecha con los alimentos consumidos, la viajera se recostó a descansar y disfrutar el tiempo que le quedaba para llegar a su próximo destino. El viaje duró dos horas y cincuenta y un minutos y el mismo transcurrió sin inconveniente alguno.

A diferencia del desembarque en Quito, esta vez Mairy se sintió más segura y con la confianza que viajaba en buena compañía. De nuevo el proceso de salida por el punto de inmigración fue uno sin complicaciones y de fácil manejo. Lo próximo sería ubicar y llegar hasta la puerta de salida del siguiente vuelo, que llevaría a la viajera hasta la ciudad de México. Aunque el vuelo tardaría algunas horas más en salir, había que estar a tiempo y evitar inconvenientes de última hora. Luego de llegar a la puerta donde la venezolana habría de embarcar el avión a su destino, del Aeropuerto Internacional Benito Juárez, se sentó cómodamente cerca a la puerta de salida para enviar los mensajes ya acostumbrados a familiares y amigos.

Antes de la cinco de la tarde comenzó el proceso de abordaje cerca a la puerta en que se encontraba Mairy. Cuando le llegó el turno a la inquieta viajera, al igual que a algunos de sus amigos, no les permitieron el abordaje. Los agentes en la puerta de abordaje notaron que la pasajera viajaba como turista y su destino final era la Ciudad de México. Sin embargo, su viaje era solamente de ida. La agente a cargo del abordaje dedujo que la pasajera no tenía planificado regresar a su país. Ni siquiera pensó que la viajera no tenía una fecha proyectada para regresar y, tal vez, más adelante gestionaría el pasaje de regreso para cualquier día que se le antojara. La empleada le informó a Mairy que sin un pasaje de regreso a donde indicaba en el pasaporte, era la ciudadanía de la turista, no podía abordar el avión con destino a México. Aunque la angustiada mujer vivía y trabajaba en Colombia, sin un boleto de regreso a Venezuela no le sería posible llegar a México. La pasajera, al igual que otros viajeros, trataron de razonar con la agente para que le permitiera su entrada al avión. No obstante, ninguno tuvo suerte. Ahora quedaban varados en un país extraño, sin un boleto de regreso a casa. Algunos no tenían dinero para comprar un boleto y regresar al país de procedencia, por lo cual quedaban desamparados en un país lejos de casa.

Mairy sintió que el mundo se le venía abajo. Pensó que este era el final de su viaje. Sin embargo, la ingeniosa mujer no se desalentó y comenzó a llamar a amigos y familiares para gestionar un pasaje que le llevara desde México a Venezuela, a sabiendas de que no iba a regresar a su país, claro está. Un boleto de México a Venezuela no era muy costoso, y después de varios intentos pudo conseguir, a través de un amigo, un vuelo a la ciudad de México para la mañana del día siguiente. El pasaje a México también incluía el regreso a Venezuela para tres semanas más tarde. De esta forma la viajera cumplía con el requisito impuesto por las autoridades de regresar a su país de origen. Esto le dio un respiro a la tenaz viajera, quien pudo relajarse y comenzar la larga espera para abordar el avión a su destino final el próximo día.

Mairy pasó la tarde de ese día charlando y conociendo a los inmigrantes, quienes, como ella, tuvieron la suerte de conseguir pasajes a México y viajaban juntos. El grupo era nutrido y variado; sin embargo, la gran mayoría de ellos provenían de países suramericanos, prevaleciendo en el grupo los que eran de origen venezolano. Más tarde, después de la cena de pan y café, cuando llegó la hora de ir a la cama, la arriesgada viajera busco una esquina en el duro piso del terminal para tratar de dormir algunas horas. Al igual que le sucedió en el aeropuerto de Quito, la temeraria mujer se sintió segura durmiendo cerca a amigos que, como ella, tenían un mismo destino y propósito. De nuevo la protección que sentía con sus compañeros le permitieron dormir algunas horas, que de alguna manera aliviaron su mente y las dolamas de su cuerpo, aunque por lo duro del piso en que durmió amaneció con nuevas dolencias. En la mañana muy temprano la viajera se levantó para, luego de haberse aseado, tomar un café y unas tostadas. Después de su desayuno se dedicó a enviar mensajes a amigos y familiares para informarles cómo progresaba su viaje a lo desconocido.

Algún tiempo después era hora de abordar el avión a México, y con los nervios de punta orando porque le permitieran entrar a la nave, Mairy se aproximó hasta la puerta de abordaje. Su respiración era rápida y tuvo que secar el sudor que había en su frente antes de enfrentarse a la oficial de abordaje. Al acercarse a la empleada para que le escaneara la información de su teléfono celular, la viajera contuvo la respiración por un instante. Cuando la agente vio que todo estaba en orden y la viajera escuchó que la empleada dijo "adelante", Mairy respiro libremente mientras caminaba casi tambaleando rumbo al avión.

Treinta y cinco minutos más tarde, el aeroplano comenzó a despegar hacia un destino desconocido y tal vez más aterrador para la atrevida viajera. Sin embargo, no había vuelta atrás, la suerte estaba echada, y Mairy sentía que iba a lograr su objetivo de llegar a los Estados Unidos de América. Por fin, iba a llegar al país que le ofrecía la puerta, por donde ella entraría en busca de una mejor vida y un futuro mucho más prometedor que el que tenía en el país de donde provenía.

Aunque por los nervios la valerosa viajera no tenía mucha hambre, pudo disfrutar de un ligero almuerzo que la línea área ofrecía a los pasajeros. Sintiéndose más cómoda después de la ligera comida, Mairy se echó hacia atrás para tratar de dormir un poco. Las dos horas con diez minutos de vuelo que tardó el avión en llegar a México transcurrieron sin ningún incidente y la mujer pudo descansar mientras soñaba con su nueva vida en el país que iba a ser su nuevo hogar.

Capítulo 12
Preámbulo al terror

Por fin la viajera pudo llegar a tierra mexicana. Ahora era cuestión de lograr que las autoridades de inmigración dieran el visto bueno a su llegada a la capital azteca. Como era de esperarse, la valiente mujer estaba nerviosa e impaciente. Al acercarse al punto de entrada, pasaporte en mano, estaba insegura de la formalidad a seguir. María le había dicho que se preparara para una "mordida" o soborno. Pero ella desconocía cómo iba a ser la mordida. Su mentora le había dicho que lo mejor era esconder el dinero con el cual iba a sobornar al oficial de inmigración dentro del pasaporte. Sin embargo, ella no se atrevía a comprar al oficial de esta manera porque pensaba que sería un insulto para el agente. De manera que la "turista" recién llegada al país caminaba lentamente detrás de varios pasajeros para al final de la larga fila enfrentar a la oficial qué tendría su futuro en sus manos. Poco antes de llegar a donde estaba el punto de admisión al país, la nerviosa pasajera cerro los ojos y en silencio oró para que el proceso de entrada fuera uno sin tropiezos. Después de la oración se sintió con más fuerzas y solo entonces, muy lentamente, asegurándose que nadie la viera, se atrevió a meter veinte dólares dentro de su pasaporte.

Al llegar donde se encontraba la oficial a cargo de darle la entrada a la vacilante mujer al país, con voz temblorosa y entrecortada, Mairy muy cortésmente la saludó mientras le entregaba el pasaporte. En ese momento pensó que el haber metido dinero dentro de su pasaporte fue un error y se arrepintió de haberlo hecho. Pero era muy tarde, su pasaporte ya estaba en manos de la agente a cargo de la seguridad. La oficial examinó el pasaporte venezolano detenidamente y después de unos segundos levantó su rostro, miró a la nerviosa viajera y fríamente le dijo: "No, señora, no son veinte dólares, son cien, usted y yo sabemos a qué viene a este país". Mairy, muy apenada, trató de razonar con ella y le dijo que el dinero que tenía apenas le alcanzaba para su viaje. La agente, sin inmutarse, con voz autoritaria, respondió a Mairy diciéndole: "Cien dólares o se regresa a su país, usted decide". Con sentimientos de miedo, rabia y tristeza, la disgustada viajera no pudo hacer otra cosa y disimuladamente le extendió otros ochenta dólares a la empleada para completar "la mordida" de cien dólares que le exigía la agente de ley y orden. La funcionaria, discretamente, tomó el dinero que le facilitó la viajera, removió el dinero que había dentro del pasaporte venezolano, selló el mismo y con firmeza y carácter muy cínicamente le dijo a la turista: "Bienvenida a México, que tenga una grata estadía"

Aunque comenzando con un infortunio a su arribo a la capital mexicana, Mairy estaba agradecida de haber llegado tan lejos. Por ello dio gracias a Dios en su salida del punto de cotejo sabiendo que estaba frente a la puerta de "la tierra que fluye leche y miel", la cual le ofrecía una nueva vida de mejoras, progreso y libertad.

Mientras dejaba el área de control de pasajeros atrás, a la viajera se le acercó Javier, quien era el contacto en el aeropuerto de la Ciudad de México. Después de saludarla, le aseguró a Mairy que con él estaría segura. También le preguntó a la extranjera que si apetecía comer algo (pensó que la viajera tendría hambre). Muy apenada, Mairy bajó la cabeza y Javier le dijo que él tenía hambre y la invitaba a comer. El coyote pidió a Mairy que se sentara a la mesa de un concesionario mientras pedía una orden de KFC para que lo compartieran. La nerviosa viajera no quería quedarse a solas en la mesa, pero Javier le aseguró que mientras estuviera con él ella estaría segura. Diez minutos más tarde, mientras compartían el almuerzo de pollo y papas, el coyote se dedicó a asesorar a la nerviosa viajera y a prevenirla de qué podía esperar de ahí en adelante. Sintiéndose más segura, Mairy pudo ordenar su mente y continuar con su próximo paso de llegar a Monterrey.

Lo próximo sería, siguiendo las instrucciones que le había dado María, comprar un teléfono celular desechable para usarse en la comunicación única y estrictamente con el coyote a cargo de su caso en Monterrey. La compra del celular tardó solamente algunos minutos. Con el nuevo teléfono en mano, la venturosa viajera llamó a María para dejarle saber el número de su nuevo teléfono. Su amiga se encargaría de pasarle la información pertinente al coyote, quien llamaría a Mairy para darle las instrucciones a seguir tan pronto llegara a su nuevo destino en México.

Lo próximo en agenda para la viajera sería asegurar un vuelo con destino a Monterrey, como le había indicado María. De esta manera, la venezolana se colocaba muy cerquita a Reynosa, México, desde donde haría el intento de cruzar el río Bravo. Sin siquiera detenerse para aspirar el aire de esperanza, con sentimientos encontrados de ilusión y miedo, la nerviosa mujer caminaba rápidamente hacia el mostrador del área donde compraría el boleto para su destino en Monterrey. Fue entonces cuando oyó una voz varonil que fuertemente la llamó diciéndole "señora". Cuando la mujer se volteó para ver de dónde venía, la voz que la llamaba alcanzó a ver a un oficial en uniforme. La reacción de la irritada viajera fue de angustia, coraje y enojo cuando se dirigió hacia él, muy fuertemente alcanzó a decirle: "Ay, otra vez no, por favor". El oficial, un poco apenado, le dijo: "Señora, al parecer mis compañeros ya le dieron la 'mordida', no se preocupe y siga caminando". La enfadada mujer no se detuvo y a paso acelerado continuó hacia el mostrador de Volaris para gestionar la compra de un boleto con destino a Monterrey, muy cerquita al famoso río Bravo que separa a México de los Estados Unidos.

Afortunadamente, Mairy pudo conseguir un pasaje para esa misma tarde y no titubeó un minuto para hacer la reservación. Ahora tenía que esperar a la hora de salida para poder trasladarse a su nuevo destino. Mientras esperaba por la salida de su vuelo hacia la metrópoli conocida como "la Ciudad de las Montañas", la viajera se sentó en el área de los concesionarios a tomar un café y a chatear con amigos y familiares. Antes de tomar su vuelo, puso al tanto de su situación a María, su contacto de apoyo en los Estados Unidos, y a algunos miembros de su familia.

Tres horas más tarde, Mairy se encontraba en un avión de la línea aérea Volaris rumbo a su nuevo destino. Aunque el vuelo era uno muy cómodo y sin mayores contratiempos, la venezolana viajaba un poco intranquila. La incertidumbre de lo que iba a pasar con ella ofuscaba el pensamiento de la "turista" y el nerviosismo se apoderó de ella. Para tranquilizarse, oró y pidió para que el Todopoderoso intercediera en lo que le aguardaba en esta etapa de su camino.

El vuelo hasta Monterrey duró una hora con veinte y cuatro minutos. Ya la viajera estaba más tranquila y, aunque impaciente, bajó de la nave pausadamente con la esperanza de encontrar prontamente su contacto, quien la iba a esperar en algún lugar del aeropuerto. Como ella le había dado una descripción completa de cómo iba vestida a María para pasársela al coyote que la esperaba en Monterrey, Mairy tenía la esperanza de que no hubiera ningún inconveniente en que la reconociera la persona encargada de guiarla en esta etapa del proceso. Ya fuera del avión, la inquieta mujer buscó y se dirigió hacia la salida del terminal.

Casi al alcanzar la salida, la recién llegada, recibió una llamada en el teléfono designado para comunicarse con el coyote. La voz en el teléfono le indicó que lenta y disimuladamente dirigiera la mirada hacia un lugar en específico. Cuando la mujer miró hacia el lugar indicado vio a un caballero, muy elegantemente vestido, que hablaba por su celular y quien resultó ser su contacto en Monterrey. Ya establecida la comunicación entre el coyote y Mairy por medio de su celular, este fue guiando a la viajera con instrucciones de qué decir y hacer camino hacia el auto que le esperaba para transportarla a un lugar seguro fuera del aeropuerto. Siguiendo las instrucciones del coyote, Mairy simulaba tener una conversación con su esposo, quien "le aguardaba" en algún lugar del estacionamiento del terminal. Fue así como el contacto de Monterrey dirigió a la viajera hasta el automóvil donde se encontraba la persona encargada de dirigir a Mairy en esta etapa del camino. El coyote le dio a su clienta toda la información pertinente para que la atrevida viajera identificara al vehículo que habría de abordar sin ninguna equivocación. Cuando la emprendida mujer llegó al automóvil encontró que había tres personas en él. Dos de ellos eran "turistas", igual que Mairy. La tercera persona era el chofer, quien llevaría a los pasajeros a un lugar seguro en Monterrey. Cuando el conductor del automóvil vio a la viajera, le dijo: "Adelante, Mairy, la estábamos esperando". Como la mujer tenía la descripción del vehículo y del conductor cuando el chofer la llamó por su nombre, segura de que este era su contacto en Monterrey, sin vacilación abordó el vehículo.

En poco tiempo el Nissan Tiida, en el cual viajaban las cuatro personas, cruzaba por la carretera Miguel Alemán rumbo a un destino donde los viajeros se hospedarían en la habitación, previamente reservada, de un pequeño albergue que servía de escondites a los coyotes. El vehículo tardó unos cuarenta y cinco minutos en llegar al hospedaje, el cual estaba apartado de la ciudad y fuera del foco de las autoridades. El chofer del Nissan llevó a los tres pasajeros directamente a las habitaciones designadas, donde se encontraban otros ocupantes, quienes habían llegado con anterioridad al pequeño hotel. El coyote asignó a Mairy un cuarto para compartir con otras tres féminas. A los otros pasajeros les asignó una habitación para compartir con otro ocupante. A los viajantes recién llegados se les impartió instrucciones de por ninguna razón salir de sus habitaciones y que estuvieran pendientes al celular que cada uno tenía para comunicarse con sus contactos. Después de asegurarse de que sus pasajeros estuvieran debidamente alojados e informados de qué hacer y, lo más importante, de lo que no deberían de hacer, el coyote se retiró, seguramente, al aeropuerto a buscar nuevos clientes. Dos horas más tarde llegó una persona con sándwiches y gaseosas para repartir a los clientes del pequeño hotel. Mairy comió todo lo que se le ofreció pensando que tal vez pasaría mucho tiempo sin tener la oportunidad de volver a alimentarse.

Más tarde la viajera se retiró a descansar pensando que hacía mucho frío y necesitaba un abrigo. Seguramente, más adelante, en las cercanías del río Bravo haría mucho frío…, especialmente en la noche. Quería salir a la calle a ver si conseguía un abrigo. Sin embargo, sabía que salir a la calle era muy peligroso para ella. Aunque en las calles cercanas al hotel visiblemente no se observaban oficiales de ley y orden, seguramente habría alguno encubierto, quien estaría chequeando a personas sospechosas de estar en el área de manera ilegal. La valiente mujer tenía mucho frío, pero el peligro al que se exponía era muy grande y no iba a arriesgarse a perder todo lo que había logrado hasta ahora. Sin ninguna otra opción, la viajera se fue a la cama y usó todo lo que pudo para cubrirse y escaparse del frío que le helaba hasta los huesos.

Algunas horas más tarde, la venezolana recibió una llamada en su teléfono de contacto donde le indicaban que se alistara porque pasarían a buscarla en unos minutos para llevarla más cerca de la frontera. La persona al teléfono le dijo que, tal vez, esa misma noche intentarían cruzar la frontera hacia los Estados Unidos. Mairy tenía mucho frío y sabía que cuando estuviera cerca del río la situación sería peor aún. Sin embargo, la adrenalina se apoderaba de ella, y su cuerpo de alguna forma se calentaba. Trató de pensar en que pronto, muy pronto, cruzaría la frontera y llegaría a los Estados Unidos.

Diez minutos más tarde, Mairy y otros clientes recibieron llamadas a sus celulares indicándoles que bajaran al vestíbulo porque había un vehículo esperando para transportarlos a un destino indeterminado. Rápidamente, bajaron ocho pasajeros, quienes habían recibido mensajes de bajar, y fueron recibidos por una mujer coyote a cargo de esta operación. El vehículo que habrían de abordar en esta ocasión era un Toyota Hiace tipo van para doce pasajeros. Sin embargo, para los pasajeros que viajarían en el vehículo se les haría un poco incómodo. Las instrucciones para los mismos eran de doblarse sin que sus cabezas o ninguna otra parte de sus cuerpos fueran visibles por las ventanillas del vehículo. Esta posición habrían de mantenerla a menos que el chofer les diera otras instrucciones.

Media hora más tarde, estando ya en la ruta 40 rumbo a Reynosa, México, la conductora dio instrucciones a los pasajeros de ponerse cómodos porque estos ya estaban fuera del peligro de la ciudad y el recorrido de doscientos veinte kilómetros tardaría alrededor de una hora y media. La conductora, quien aparentaba estar bajo la influencia de alguna droga, viajaba a toda prisa entre ciento setenta y ciento ochenta kilómetros por hora. En un momento dado, la mujer se volteó hacia los pasajeros y les dijo que era necesario viajar a esa velocidad para evitar posibles "peligros" en la carretera.

Sin ningún tropiezo, el vehículo llegó a su destino en Reynosa poco antes de la medianoche. En un pequeño hotel de la ciudad, donde los "turistas" ya tenían reservaciones, al bajar del vehículo fueron separados por género para que compartieran habitaciones, a razón de cuatro ocupantes por habitación. Aunque el viaje estuvo muy cómodo, cuando Mairy subió a la habitación la encontró muy fría y de nuevo tuvo que ponerse todos los trapos que halló para poder mitigar un poco el frío que sentía. Aunque estuvo a la expectativa de que la iban a llamar para cruzar la frontera, por el cansancio y el agotamiento que sentía, muy pronto pudo conciliar el sueño y quedó profundamente dormida.

Por el frío en la habitación y por la preocupación de que podía perder la llamada del coyote para salir a cruzar el río, que la llevaría al otro lado de la frontera, se despertó muy temprano. Sus colegas en la habitación ya se habían levantado y se reunieron todas frente a una pequeña mesa para dialogar y conocerse. Una hora más tarde llegó un empleado del hospedaje con un poco de pan y café para que las huéspedes pudieran desayunar. Aunque ya iba madurando el día, la atrevida aventurera seguía con frío y trató de convencerse de que todo estaba bien y que podía aguantarse sin un abrigo hasta que llegara a los Estados Unidos. Sin embargo, sus amigas la convencieron de que sería muy peligroso intentar cruzar el río con lo poco que llevaba de ropa. El cuadro que le pintaron sus amigas de lo que le podría pasar en el área del río con temperaturas bajo cero no fue muy alentador. Convencida de que el riesgo de estar una noche a la intemperie, con bajas temperaturas, sería mucho más de lo que ella podría soportar, Mairy tomó la decisión de salir a la calle para ver si podía conseguir un abrigo.

Al salir de la pequeña hospedería, la valiente mujer se percató de que la ciudad estaba muy concurrida con peatones que iban de un lugar para otro. Para no ser intervenida por las autoridades, la nerviosa mujer trató de disimular y aparentar ser una parroquiana habitual. Sin embargo, el papel de lugareña no le quedaba muy bien y se puso muy nerviosa, especialmente cuando vio que dos oficiales de la ley y el orden se acercaban en la dirección que ella se encontraba. Afortunadamente, había una tienda de artículos de damas muy cerca de ella y tratando de ser lo más disimulada posible logró entrar en la tienda sin levantar sospecha alguna. Esa mañana Mairy estaba de suerte, se puso a recorrer la tienda y había un departamento de vestimentas femeninas con abrigos para la época. Cogió uno de ellos que le parecía ser su talla y sin mirar estilo o color se lo midió sobre sus ropas. Pensó que le quedaba bien y de prisa se dirigió al cajero donde rápidamente le pagó en efectivo. Como si se lo hubiera robado, y con el pulso acelerado, salió de la tienda casi corriendo en dirección a donde se hospedaba. A toda prisa subió a su habitación donde le esperaban sus amigas y le tocó a la puerta diciendo: "Soy yo, Mairy". Cuando le abrieron la puerta entró a toda prisa, se desplomó en un asiento y al fin pudo respirar normalmente diciendo: "Lo logreé". Ahora la venezolana tenía su abrigo y el riesgo de enfermarse debido a las bajas temperaturas era menor. Lo próximo sería esperar pacientemente por la llamada del coyote, diciéndole que ya estaba todo listo para el ansiado y temido momento de cruzar hacia los Estados Unidos de América. El ambiente estaba plagado de miedo, incertidumbre, esperanza y coraje.

Capítulo 13
Miedo

La mañana transcurrió sin que nada pasara. Para matar el tiempo, las amigas contaban historias de ellas y sus familias de sus respectivos países. Estas historias eran salpicadas por anécdotas que contaron de las vicisitudes que pasaron para lograr alcanzar la meta donde habían llegado. Así fue como las inmigrantes se enteraron de las atrocidades que cada cual había vivido en su país de procedencia. Las amigas estuvieron de acuerdo que valió la pena todo el esfuerzo, audacia, valentía y riesgo que les había tomado para llegar tan lejos. Estas conversaciones entre camaradas les servía de estímulo y coraje para continuar con sus planes de alcanzar territorio norteamericano. Ahora más que nunca, Mairy estaba confiada de que iba a lograr su sueño de vivir, trabajar, estudiar y desarrollarse en un ambiente progresivo y con un futuro prometedor.

A menudo cada mujer se tomaba un descanso para poder estar a solas con sus pensamientos. En dos ocasiones llegaron camareros del hotel con algo de comida para los huéspedes, quienes comieron todo lo que pudieron pensando que después de esta última comida tal vez pasaría mucho tiempo sin tener la oportunidad de probar bocado.

Por otra parte, para calmar los nervios, Mairy, al igual que dos otras amigas, se mantenían en comunicación por medio de WhatsApp con familiares, dejándoles saber su situación existente. Fue así como transcurrió parte de la mañana sin que pasara nada. Mientras más y más tiempo transcurría, sabiendo que muy pronto llegaría la hora, los nervios de las amigas se volvían endebles y parecía que no iban a poder resistir por mucho más tiempo. La fortaleza que cada una ofrecía a las demás compañeras, sin embargo, cementaba al grupo y mantenía la pujanza de este.

Fue poco después del mediodía cuando llegó el tan esperado aviso. Todas quedaron paralizadas cuando el teléfono de Mairy comenzó a timbrar. Temblorosa, y por unos instantes sin saber qué hacer, la ansiosa mujer quedo inmovilizada. Cuando la viajera contestó su teléfono, oyó una voz que dijo: "Llegó la hora, estaremos ahí en cinco minutos, estén preparadas".

Diez minutos más tarde dos coyotes habían reunido al grupo de inmigrantes en el vestíbulo para impartirle las instrucciones a seguir. La ansiedad y la tensión eran desesperantes y el ambiente era uno de angustia y desesperación, parecía que en aquella sala se estaba exhibiendo una película de terror. Sin embargo, los coyotes conocían muy bien sus trabajos y ofrecieron palabras de aliento a los desesperados inmigrantes. Les dijeron que no había mucho porqué preocuparse. El río estaba bajito porque no había llovido mucho últimamente y no tenía peligro de raudas corrientes. La situación era una casi ideal para cruzar el río, y los coyotes eran profesionales con un impecable historial y excelentes antecedentes.

Lo que desconocían algunos de los inmigrantes, sin embargo, era el historial de las situaciones relacionadas con la frontera entre México y los Estados Unidos. El río Bravo del Norte y la demás frontera entre los dos países ha sido y es el escenario de cientos de muertes de inmigrantes que cada año tratan de alcanzar el lado de los Estados Unidos de América. La frontera se extiende por unas mil novecientas cincuenta y cuatro millas, desde el golfo de México en el este hasta el océano Pacífico en el oeste. Por el lado norte de la frontera se encuentran los estados de Texas, Nuevo México, Arizona y California, mientras que por el lado sur los estados de Tamaulipas, Nuevo León, Coahuila, Chihuahua, Sonora y Baja California componen los estados mexicanos. Siendo esta frontera tan larga, a los Estados Unidos de América se les hace difícil controlar el flujo de unos tres millones de emigrantes, quienes tratan de cruzar de México a los Estados Unidos cada año. De estos, las autoridades logran detener a unas cinco mil personas diarias que intentan cruzar la línea divisoria entre los dos países.

Sin embargo, hay una cifra poco conocida de sobre seiscientas personas que mueren anualmente tratando de llegar a la orilla de los Estados Unidos a través de esta frontera. Muchos de estos inmigrantes tratan de cruzar a nado a través del río Bravo; algunos tratan de atravesar el desierto de Arizona; muchos intentan el cruce escondidos en los baúles de automóviles, mientras que otros intentan alcanzar la parte de los Estados Unidos en frágiles embarcaciones por el golfo de México. La mayoría de los que mueren intentando traspasar la frontera para alcanzar territorio norteamericano pasan por desapercibidos y parece no interesarles a las autoridades de un lado y del otro. Algunos de los que intentan alcanzar la parte norte del límite entre los dos países mueren ahogados cuando intentan cruzar el río o el golfo de México. Otros mueren en el desierto, mayormente de sed, sin que sus ausencias sean notadas o sin que a nadie le interese sus muertes.

Aunque los coyotes conocían bien su trabajo, esta extensa frontera con todos sus entresijos no dejaba de ser motivo de preocupación para estos "profesionales". Tal vez por eso, esta reunión que se llevaba a cabo para informar y orientar a sus clientes sobre qué hacer desde el momento que dejaran la seguridad de su hotel era una de máxima importancia. De acuerdo con los coyotes una vez los emigrantes pisarán suelo norteamericano estarían a su suerte. Ellos no podrían ofrecer ninguna otra clase de ayuda a sus clientes. Era imperativo que cuando llegaran a la otra orilla comenzaran a correr en dirección norte, manteniéndose al lado derecho del camino. Después de pasar por debajo de dos puentes, al lado izquierdo se encontraba el portón de la Oficina de Aduanas y Protección Fronteriza (CPB, por sus siglas en inglés). Es aquí donde tenían que llegar los inmigrantes para entregarse a las autoridades pertinentes.

Al concluir la reunión, ya entrada la tarde, los coyotes montaron a Mairy en una camioneta junto a cuatro otros clientes, tres varones, una fémina y un niño de unos seis años, para llevarlos al punto donde cruzarían el río. Los cuatro adultos se mantenían callados, sin apenas poder respirar, mientras trataban de hacer lo posible por mantener al niño ocupado sin hacer el mínimo ruido posible. Al llegar a la orilla del río Bravo del Norte, en algún lugar del área de Reynosa, todos los pasajeros se embarcaron en una balsa inflable y en un abrir y cerrar de ojos, los cuales parecieron una eternidad para los viajeros, quienes a pesar del frío de la noche transpiraban como si estuvieran metidos en una sauna, ya habían cruzado el río. Tan pronto tocaron territorio estadounidense, los evadidos comenzaron a correr en la dirección que se les había indicado. En cuestión de minutos, los cuales también les parecieron una eternidad, los fugitivos ya habían alcanzado el portón de las facilidades de la CPB. Frenético, uno de los varones tocó muy fuertemente a la puerta de las instalaciones y esta se abrió apareciendo cinco guardias fronterizos fuertemente armados. Los tres adultos y las dos féminas se entregaron a las autoridades y estas los hicieron prisioneros.

En esta estación de la CBP los nuevos prisioneros fueron despojados de todas sus pertenencias y a cada uno se les asignó un espacio junto a otros prisioneros que ya ocupaban las facilidades. Los nuevos integrantes, junto a otros prisioneros, fueron clasificados de acuerdo con su país de procedencia. Cabe destacar que Mairy, siguiendo instrucciones de María, había escondido su pasaporte en sus ropas interiores para evitar que este fuera confiscado por las autoridades. Después de un baño, los nuevos integrantes de las facilidades fueron alimentados con una comida caliente de burritos, la cual era muy picante para el gusto de la recién llegada. Como los prisioneros no tenían otra cosa que hacer, después de la cena, haciendo el menor bullicio posible, se dieron a la tarea de conocerse a la vez que se ofrecían apoyo entre ellos. Más tarde todos fueron a la cama, pensando qué les depararía el nuevo amanecer.

Muy temprano a la mañana siguiente, después de un ligero desayuno, los prisioneros fueron separados para ser procesados.

Durante el proceso de verificación de información de Mairy los agentes fueron muy amables y condujeron la entrevista con un alto grado de profesionalismo. Las preguntas que le hicieron a la detenida mujer fueron interminables, e incluían aspectos personales y profesionales de la prisionera. Aunque, después de mucho preguntar, Mairy estaba convencida de que los agentes conocían las repuestas a sus preguntas. Era increíble el conocimiento que estos tenían de su vida personal y profesional. Al parecer, los agentes se interesaron mucho en la relación de la prisionera con PVDSA, pues las preguntas sobre la corporación fueron muchas y de gran alcance.

Después de este intenso interrogatorio, algunos prisioneros eran regresados a México; otros quedaban ahí mientras los funcionarios decidían si pudieran quedarse o no temporeramente en el país, al menos de forma transitoria. En el caso de Mairy, esta fue trasladada al Servicio de Control de Inmigración y Aduanas (ICE, por sus siglas en inglés) en Laredo, Texas. Allí ella fue interrogada por otros oficiales, quienes también la trataron con mucho profesionalismo y sensibilidad. La valiente mujer recibió un examen de salud y fue vacunada contra el virus del COVID-19.

Durante los dos días que Mairy fue retenida en las facilidades de ICE, el trato fue excelente y con un estilo que jamás se hubiera imaginado posible por agentes de ley y orden, los cuales, por lo general, imponen su poder de forma rigurosa sobre sus ciudadanos. Su única queja era la de sus alimentos, que, aunque muy sabrosos, casi siempre consistían a base de burritos y otras comidas mexicanas, por lo general muy picantes.

Luego de un escrutinio riguroso, después de tres días Mairy fue puesta en libertad bajo su propio reconocimiento. La detenida manifestó a las autoridades que amistades en Boca Ratón, Florida, se harían cargo de ella mientras esperaba por una vista a celebrarse un año después, donde debía de probar su caso de poder permanecer en los Estados Unidos de América de forma permanente. A Mairy también se le entregó un dispositivo de rastreo GPS, similar a un teléfono celular, donde cada miércoles antes de las diez de la mañana, después de recibir una señal de las autoridades, debía de tomarse un selfi con el dispositivo para que la agencia tuviera constancia de su paradero. De esta manera, la aventurera mujer quedaba libre de forma temporera para poder vivir y moverse libremente dentro de los Estados Unidos. Después de un largo viaje plagado de inconvenientes y un sinnúmero de vicisitudes, la arriesgada aventurera comenzaba a saborear el fruto de sus sacrificios y osadía. Lo próximo sería poder llegar hasta donde le esperaban sus amistades, quienes, por algún tiempo, serían su apoyo y sostén en los Estados Unidos.

Capítulo 14
La luz al final del túnel

Después de ser puesta en libertad, a eso de las dos de la tarde, Mairy abordó un autobús rumbo al aeropuerto de Corpus Christi, Texas, para tomar uno de dos vuelos que finalmente la llevarían al área de Florida, donde les aguardaban sus contactos. El vuelo desde Corpus Christi estaba pautado para el próximo día 26 de enero, lo cual quería decir que, de nuevo y por última vez, Mairy tendría que dormir en el duro suelo de un aeropuerto. Pero eso no era importante, ya ella estaba acostumbrada a dormir en los crueles suelos de aeropuertos, y esta vez ya lo hacía en suelo libre... norteamericano.

Después de reservar su segundo vuelo desde Houston hasta Florida, la viajera envió varios mensajes a sus amigas dejándoles saber los detalles de su viaje final. También hizo lo propio con familiares y amigos en Venezuela. Era imperativo dejarle saber a su familia que todo estaba bien y hasta ahora, a pesar de algunos inconvenientes, el viaje había sido uno muy exitoso. Sabiendo que sus compañeras en Boca Ratón, donde se dirigía la atrevida viajera, estaban al tanto de su itinerario, Mairy se sintió más relajada y se dispuso a ir a la "cama". En el mismo vuelo que ella viajaba rumbo a Houston y luego hacia Fort Lauderdale, Florida, viajaban varias compañeras de Mairy, a quienes ella conoció en las facilidades de detención en Laredo, las cuales también habían sido puestas en libertad por ICE. De manera que esa noche, tal como lo había hecho anteriormente en algunos aeropuertos, Mairy compartiría un espacio en el suelo cerca a colegas viajeras, quienes serían su protección. Al igual que en noches pasadas, el suelo era duro y estaba muy frío, pero la valiente mujer no pensó en ello y se enfocó en lo que le esperaba durante el resto de su marcha a la libertad. Estando sumamente cansada, por lo intenso y raudo que había transcurrido su vida en los últimos días, la valerosa mujer no tardó en caer en un profundo sueño.

A la mañana siguiente Mairy despertó muy temprano e inmediatamente fue al baño para asearse y luego tomar un café. Cuando se dirigía al concesionario donde encontraría su preciado café, se percató de que no tenía dinero consigo. Ella había guardado muy bien sus últimos ciento veintinueve dólares que le quedaban para asegurarse de que tendría algún dinero en el evento de cualquier emergencia que se presentara. Había hasta sacrificado comer o tomar algún refresco para no quedarse sin dinero. Sin embargo, en algún momento de la noche, mientras dormía o quizás cuando estuvo en el baño, el dinero se salió de su pantalón. Como era de esperarse, la irritada mujer se puso histérica y se le hacía difícil procesar sus pensamientos. Era tanta la rabia que sentía con ella misma que cuando las amigas viajeras le ofrecieron café y un panecillo para desayunar, esta los rechazó. Su mundo se vino abajo y no sabía qué hacer. No obstante, sus amigas la consolaron y les ofrecieron todo el apoyo que pudieron darle, y esto la tranquilizó hasta que fue la hora de abordar su próximo vuelo hasta Houston, Texas.

Como el vuelo hasta Houston era uno relativamente corto de unos cincuenta y cinco minutos, la aerolínea no ofrecía ningún alimento y la incansable viajera tuvo que conformarse con el agua de la fuente que había tomado antes de abordar el avión como único desayuno de esa mañana. Irónicamente, antes de abordar el avión, la viajera había ido a recorrer sus pasos en busca del dinero que había perdido; mientras tanto, un oficial de la línea aérea preguntó en la puerta de salida si un dinero que se había encontrado pertenecía a algún pasajero de los allí presentes. Mairy había ido al baño para ver si encontraba el efectivo perdido y nadie reclamó el dinero, puesto que la mujer que había extraviado su dinero no se encontraba presente.

Sin saber lo que le había sucedido a la viajera, nadie reclamó el dinero cuando el oficial anunció haberlo encontrado.

A su arribo a Houston, la viajera llamó a su amiga en Boca Ratón, quien le había ofrecido recogerla a su llegada a Fort Lauderdale. Mairy le comentó a su amiga lo sucedido con su dinero perdido y esta le informó que no se preocupara, que tan pronto llegara a Florida, ella estaría en el aeropuerto para recibirla y bregaría con el asunto.

Cuando terminó de hablar con su apoyo la viajera se sintió más confiada. Sabiendo que más tarde, al llegar a su destino final, sus amistades le darían el soporte necesario Mairy se sintió más aliviada. Después de este largo y difícil viaje, llegar donde personas que serían su sostén por algún tiempo cambiaría la fragilidad que tenía su inseguridad en estos momentos.

La viajera abordó su vuelo rumbo a Fort Lauderdale unos minutos antes de la una de la tarde, y la atrevida mujer estaba de suerte, pues la línea aérea ofrecía un pequeño refrigerio, el cual le serviría de almuerzo a la eterna aventurera mientras llegara a donde sus amigas en Florida.

Poco después de las cuatro de la tarde, la viajera arribó al Aeropuerto Internacional de Fort Lauderdale-Hollywood y apenas al bajar del avión trató de llamar a su amiga en Boca Ratón. Como no pudo establecer contacto con ella, siguió insistiendo en conectarla una y otra vez. Por los innumerables intentos de conseguir a su amiga sin poder lograr una comunicación con esta, el teléfono de la joven viajera quedó descargado. Ahora Mairy se encontraba a la deriva, sin dinero, sin alimentos, sin teléfono, sin amigos y a la merced de su suerte.

Sin ninguna otra opción, la preocupada andante caminó hasta una esquina del terminal del aeropuerto, fuera del bullicio de la tarde, para elevar una plegaria al Todopoderoso y pedirle una solución que le ayudara a salir de la encrucijada en que se encontraba metida. Después de encomendar su suerte al Altísimo, la desconsolada venezolana quedó en aquella esquina sin saber qué hacer. Pasaron unos minutos, y viéndola afligida, una señora que pasaba se detuvo para preguntarle, en un perfecto español, qué le pasaba. Mairy le explicó su situación y ella la invitó a tomar un café para tratar de contactar a la amiga de la viajera desde el celular de la buena samaritana.

Ambas se sentaron a la mesa de un concesionario y, mientras tomaban café, la caritativa señora le cedió el teléfono a la viajera para que llamara a sus amigas. Cuando la ansiosa mujer hizo la llamada, rápidamente hubo contestación en el otro teléfono, y efusivamente Mairy y sus amigas se saludaron. Después de una corta charla, las amigas quedaron de encontrarse a la salida del terminal en unos quince minutos. Por suerte, ya las preocupadas amigas se encontraban muy cerca del aeropuerto y ahora era cuestión de minutos para poder encontrarse. Los efectos del café y la alegría de haber hablado con sus amigas tuvieron un resultado milagroso en el estómago de la andante aventurera. De nuevo su mundo se enderezó y sintió despertar de una horrible pesadilla. Al despedirse, Mairy dio las gracias a la misericordiosa señora por su ayuda y apoyo en un momento tan difícil, quedando eternamente agradecida de esta.

Después, la perdurable viajera se dirigió hacia la salida del terminal para esperar a sus amigas. Veinte minutos más tarde Mairy, junto a sus amigas, viajaban por la I-95 rumbo a Boca Ratón, el nuevo hogar de la aventurera mujer durante las próximas dos semanas. Antes de llegar a su destino en la impecable pequeña ciudad, conocida hasta el 2002 por su Museo Internacional del Arte de Dibujos Animados, las tres amigas se detuvieron en un pequeño restaurante para que la viajera descansara un poco y comiera la primera cena del día, mientras esta relataba a las dos amigas sus peripecias para llegar hasta este anhelado destino. A pesar de su cansancio, Mairy pudo sentirse muy a gusto mientras disfrutaba con sus amigas su primera comida formal en el país que le daba la bienvenida. Las tres amigas charlaron por dos largas horas antes de continuar la marcha hasta el nuevo hogar que esperaba por la viajera al final del camino.

Las amigas de Mairy hicieron todo lo posible porque su estadía en su nuevo hogar fuera una placentera. La viajera recibió un trato especial y el tiempo que esta permaneció en Boca Ratón fue uno muy agradable, lleno de gratos recuerdos y nuevas experiencias en un mundo muy diferente al que la venezolana estaba acostumbrada. Las nobles amigas surtieron a Mairy con ropas nuevas y usadas, numerosos pares de zapatos, perfumes y otras chucherías necesarias para que la huésped de honor estuviera cómoda y a gusto. Durante el tiempo que Mairy estuvo bajo el techo de las amigas, a menudo salían a cenar o a conocer los alrededores de la ciudad, siempre y cuando les fuera posible y los compromisos de sus amistades se los permitieran. Las amigas de Mairy se aseguraron de que esta no sufriera por ningún motivo o necesidad. Esto incluía el regalo de un poco de dinero para sus necesidades o antojos.

Después de dos semanas disfrutando de la hospitalidad de sus amigas, la eterna viajante tenía que continuar su marcha y lograr su objetivo de llegar hasta el final de su travesía. Aunque la estadía en Boca Ratón era una muy placentera, este no era su destino final. Ella tenía que llegar a Puerto Rico, donde se encontraba su compañero, al cual no veía desde que este la visitó en Colombia dos años antes. Su plan era llegar donde estaba él para establecerse permanentemente y fraguar un futuro juntos. Era así como la amante viajera lo había soñado y este escenario parecía estar a la vuelta de la esquina.

Fue así como la indeleble viajera, el 12 de febrero de 2022, abordó un avión rumbo a Puerto Rico para encontrarse con su compañero. El final de su largo viaje por fin llegaba a un desenlace conclusivo. La distancia entre Venezuela y Puerto Rico es de apenas mil trecientos kilómetros. Sin embargo, el recorrido entre los dos países resultó ser de unos nueve mil kilómetros, con casi un mes de duración.

Una vez establecida en su nuevo hogar en Puerto Rico, Mairy, junto a su compañero y un abogado especialista en leyes migratorias, se dieron a la tarea de elaborar un plan para presentar evidencia y solicitar la residencia permanente de la emigrante venezolana en una vista pactada para junio del año 2023. Mientras tanto, la eterna aventurera continuaba siendo vigilada a través del rastreador GPS provisto por ICE para detectar posibles anomalías en su conducta. Aunque a la atrevida mujer se le estaba permitido viajar libremente a cualquier parte de los Estados Unidos de América, el reporte, junto a un selfi que Mairy tenía que hacerles llegar a la agencia federal, resultaba en una molestia un poco incómoda. Esta incomodidad de reportarse cada miércoles de la semana a través del aparato provisto para ese propósito continuó por tres semanas más después de la venezolana haber llegado a Puerto Rico. Para la cuarta semana después que la mujer se había trasladado a residir en Puerto Rico, recibió un comunicado de la oficina de ICE donde le indicaban que debía de entregar el aparato rastreador porque ya no era necesario su vigilancia a través del mismo. Ahora su contacto con ICE se haría a través de citas presenciales las cuales se tramitarían por medio de correos electrónicos. Esto daba más flexibilidad a la vigilada extranjera, porque así no tenía que estar atada a un rastreador pendiente a una llamada semanal por las autoridades para conocer su paradero. Cuando la agencia necesitara comunicarse con Mairy lo haría enviándole un correo electrónico indicándole fecha y hora donde le citarían para una reunión. De la misma forma, de ser necesaria una reunión con ICE, la mujer pediría reunirse con la agencia vía correo electrónico.

Aunque Mairy ya estaba residiendo en Puerto Rico, su dirección de residencia era en Boca Ratón, Florida. Esto presentaba un problema para la recién llegada mujer porque debía de entregar su rastreador a la oficina de ICE en Miami. El aparato tenía que entregarlo en persona, de manera que debía de viajar a Florida nada más que para entregar el rastreador. Ella sabía muy bien que estaba a merced de las autoridades y las cosas debían de ser como ellos dijeran. Sin otra opción, Mairy viajó a Florida para deshacerse del molestoso aparato.

Ya estando en la oficina de ICE en Miami, la venezolana por fin pudo entregar el rastreador. Al momento de deshacerse del aparato, Mairy quiso cambiar su dirección oficialmente para Puerto Rico, donde estaba residiendo. Sin embargo, lo único que le dejaron hacer fue entregar su GPS de forma oficial. Para cualquier otro asunto debía de hacerlo personalmente concertando una cita vía correo electrónico. De una vez la mujer envió un mensaje a ICE a través de su correo electrónico pidiéndoles una reunión para bregar con el asunto de cambiar su dirección de forma oficial a Puerto Rico.

La decidida aventurera tuvo que permanecer en Florida alojada con sus amigas por dos meses más mientras esperaba por la cita para gestionar los trámites del cambio de dirección. Al cabo de ese tiempo, Mairy acudió a la oficina de ICE en Miami, donde tenía pautada una cita para establecer su residencia, mientras esperaba por su audiencia en el verano del 2023, donde se dilucidaría su estatus de residente permanente en los Estados Unidos. En la oficina de ICE, ya por fin, Mairy pudo hacer el cambio de residencia de Boca Ratón a Puerto Rico. De la misma forma, logró cambiar el lugar para la audiencia de su caso de residente permanente en los Estados Unidos para que esta se viera en Puerto Rico. De esta forma, la emigrante aventurera quedaba libre para irse a vivir a Puerto Rico y moverse, sin ninguna restricción, dentro de los límites de los Estados Unidos.

Una vez terminados sus asuntos en Florida, Mairy regresó a vivir a Puerto Rico. La venezolana comenzaba a experimentar la nueva vida alejada de vaivenes políticos; la oportunidad de conseguir un trabajo decente que vaya de la mano con sus capacidades y el aire fresco que se respira en una sociedad libre y democrática, ahora eran parte de su vida. El tiempo y el esfuerzo que emplee la insistente y atrevida mujer en trabajar para obtener una residencia permanente y vivir en los Estados Unidos de América decidirán el futuro de la aventurera cabimense. Desde la comodidad de su nuevo hogar, la audaz viajera puede imaginarse un nuevo día de luz, paz, armonía y esperanza. Mairy y su compañero están trabajando afanadamente con la ilusión de que el futuro estará plagado de muchas y agradables sorpresas, sabiendo que para ella los Estados Unidos de América es "la tierra que fluye miel y leche". La intrépida mujer de acero luchó mucho por llegar al lugar donde se encuentra, pero valió la pena todo el esfuerzo, porque por fin pudo llegar a su Canaán. Con la bendición de Dios, Mairy saldrá victoriosa de su audiencia de residente permanente y podrá saborear el fruto de sus esfuerzos.

Mapas

Lago Maracaibo y sus alrededores, Zulia, Venezuela

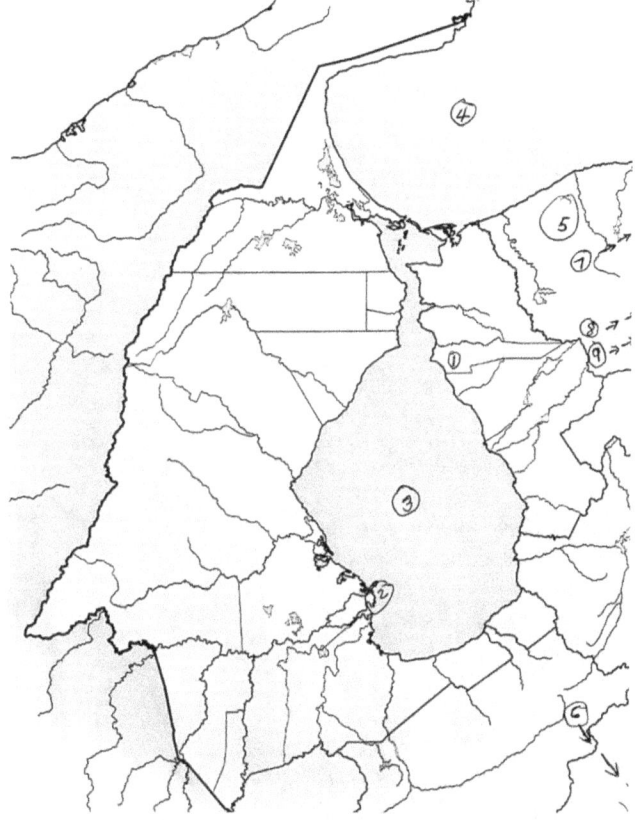

1. Cabimas
2. Desembocadura del río Catatumbo
3. Lago Maracaibo y su cuenca petrolífera
4. Golfo de Venezuela y su cuenca petrolífera
5. Cuenca petrolífera del estado de Falcón
6. Hacia cuenca petrolífera de Barinas-Apure
7. Hacia cuenca petrolífera Cariaco
8. Hacia cuenca petrolífera Oriental
9. Hacia cuenca petrolífera de la faja del Orinoco

México, Centroamérica, Suramérica y el Caribe

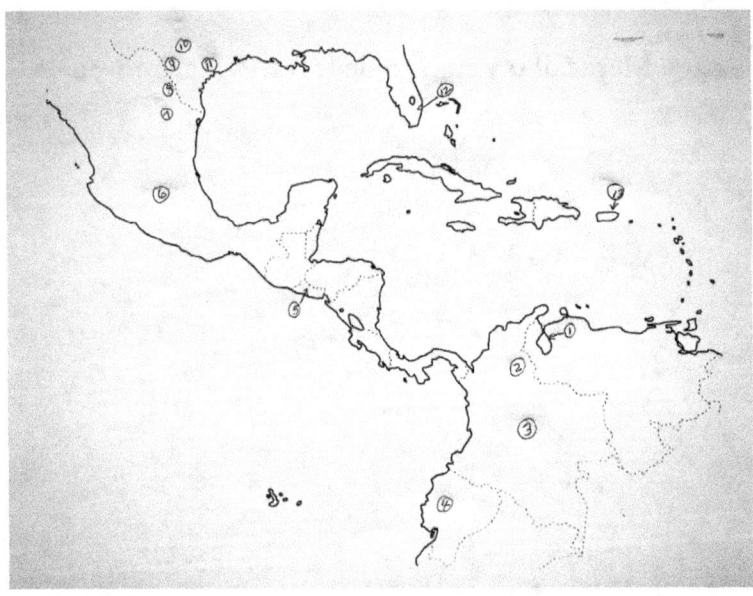

1. Cabimas, Venezuela
2. Bucaramanga, Colombia
3. Bogotá, Colombia
4 Quito, Ecuador
5. San Salvador, El Salvador
6. Ciudad de México, México
7. Monterrey, México
8. Río Grande/Río Bravo (Reinosa México)
9. Laredo, Texas (refugio USA)
10. San Antonio, Texas (USA)
11. Houston, Texas (USA)
12. Fort Lauderdale, Florida (USA)
13. Carolina, Puerto Rico (USA)

Banderas

Bandera de la ciudad de Cabimas, Zulia, Venezuela

Banderas de Venezuela y Puerto Rico

Venezuela

Puerto Rico

Centroamérica, Suramérica, México y Estados Unidos de América

Colombia

Ecuador

El Salvador

México

Estados Unidos de América

Estados Unidos de América

Banderas de dos estados visitados en Estados Unidos de América

Texas

Florida

www.ingramcontent.com/pod-product-compliance
Lightning Source LLC
LaVergne TN
LVHW011717060526
838200LV00051B/2924